無忝齋詩選

무첨재 시선

지만지한국문학의 〈지역 고전학 총서〉는
서울 지역의 주요 문인에 가려 소외되었던
빛나는 지역 학자의 고전을 발굴 번역합니다.
'중심'과 '주변'이라는 권력에서 벗어나
모든 지역의 문화 자산이 동등한 대우를 받을 수 있도록 합니다.
지역 학문 발전에 이바지한 지역 지식인들의 치열한 삶과 그 성과를 통해
새로운 지식 지도를 만들어 나갑니다.

지역 고전학 총서

無忝齋詩選
무첨재 시선

정도응(鄭道應) 지음

최금자 옮김

대한민국, 서울, 지만지한국문학, 2024

편집자 일러두기

- 이 책은 1911년 간행한 무첨재 정도응의 목판본
  《무첨재선생문집(無忝齋先生文集)》[이하
  《무첨재집(無忝齋集)》] 가운데 한시를 번역, 주해한 것입니다.
  전체 175제 256수 가운데 93제 121수를 가려 실었습니다.
- 본문은 무첨재 정도응의 삶에서 우리에게 의미 있는 메시지를
  전달할 수 있는 작품을 가려 뽑았습니다.
- 작품의 배열은 무첨재 정도응의 문집 편차에 따라
  안배했습니다.
- 본문은 직역을 위주로 하되 필요에 따라 의역한 곳도 있습니다.
- 시어 중에 풀이가 필요한 표현은 주석에서 따로 설명했습니다.
- 목차는 문집의 주석 부분을 제외해 단순화했습니다.
- 원문에 탈자가 있을 때는 □로 표기했습니다.
- 주석과 해설은 모두 독자의 이해를 돕기 위해 옮긴이가 작성한
  것입니다.
- 한글에 한자를 병기할 때 괄호 안의 말과 바깥 말의 독음이
  다르면 [ ]를 사용하고, 번역어의 원문을 표시할 때는 ( )를
  사용했습니다. 또 괄호가 중복될 때에도 [ ]를 사용했습니다.
- 지은이 정도응과 친교가 깊었던 홍여하(洪汝河)의 《목재
  시선(木齋詩選)》, 전익구(全翼耉)의 《가암 시집(可庵詩集)》과
  함께 읽으면 작품과 지은이에 대해 더욱 깊이 이해할 수
  있습니다.

〈지역 고전학 총서〉를 펴내며

    고전은 시간과 공간에 의해 1차적으로 규정을 받으며, 지금 이곳을 우리에게 의미 있는 메시지로 전달할 수 있는 텍스트를 말한다. '고전'은 역사적으로 상대적인 개념이므로, 고정불변의 권위를 특별히 갖지는 않는다. 보편성을 갖는다고 여겨지는 텍스트들의 경우, 그것이 고전이라 일컬어지는 것은 여전히 지금 여기의 문제를 논의하는 데에 유용하기 때문이다. 그 이상도 이하도 아니다. 이를테면 《논어》가 고전일 수 있는 이유는 '공자의 《논어》'라서가 아니라 지금 이곳을 위해 《논어》 속 지혜가 필요하기 때문이며, 《사기》를 읽어야 한다는 것도 '사마천의 《사기》'라서가 아니라 지금 이곳을 살아가는 인간의 문제를 이해하는 데 중요한 시사점을 제공하기 때문이다. '고전 목록'이 시기별, 주제별로 제작되어야 하는 이유가 바로 여기에 있다.

    그런 점에서 고전은 철저하게 '지역'에 복무한다. 지역은 지금 이곳의 다른 말로서, 시간과 공간으로 규정되는 인간의 삶 자체를 뜻한다. '지역'을 특정 공간으로 한정해선 안 되는 이유가 바로 여기에 있다. 또한 '지역'을 중심과 상대되는 주변으로 환치해서도 안 된다. 중심도 지역이요, 주변도 지역이기 때문이다. 우리는 '지역'을 인간의 삶이 실질적으로 구현되는 장소, 시간과 공간의 좌표에 의해 구분되는 인간적, 인문적 영역으로 이해한다. 곧 특정한 장소는 상상의 중심에 의해 주변화한 곳이 아니라, 그 자체로 하나의 시간과 공간에 의해 규정된 사람들의 삶 자체를 의미하는 것이다.

따라서 '지역'에서 생산된 텍스트, 특히 한문 고전은 무엇이든 의미가 있다. 모두 특정 주체들의 이성과 감성을 함유하고 있기 때문이다. 특히 한문 고전을 주목하는 이유는 그 안에 우리 전통의 삶이 지혜로 녹아 있기 때문이다. 지역은 한글이 일상어가 된 근대 이후에도 한문 고전을 생산하고 있었다. 우리는 이 지점도 주목한다. 지역의 한문 고전은 바로 얼마 전까지만 해도 우리 삶을 보여 주는 텍스트였던 것이다. 우리가 '지역'과 '고전'을 하나로 붙이고, 지역의 모든 인문적, 인간적 생산물을 주목하는 것은 바로 이 때문이다.

그러나 '지금 이곳'의 다른 말로 '지역'을 주목하고, '이곳'에서 생산된 한문 고전을 텍스트로 읽고자 하는 데에는 더욱 중요한 사고가 바탕을 이루고 있다. 바로 인간의 생명 그 자체를 존중하고 평등하게 대하는 태도다. 살았던 것/살아온 것/살아갈 것은 모두 존중받을 필요가 있으며, 이들에 의해서 생성된/생성되고 있는/생성될 텍스트는 모두 평등한 가

치를 부여받아야 한다. 학연이든, 지연이든, 권력이든, 소용(所用)이든, 그 어떤 이유로도 생명(우리는 문헌도 하나의 생명으로 간주한다)에 대해 차별할 근거는 없다. '지역'의 편언척자(片言隻字)조차도 의미 있다고 여기는 이유가 바로 여기에 있다. 《사기》를 짓기 위해 산천을 거듭 다녔던 사마천의 마음과, 조선 팔도를 수차례 걸어 다니며 작은 구릉과 갈래 길도 세세히 살폈던 김정호의 생각을 떠올려 본다.

이제, 우리는 '지역'에서 생성된 텍스트에 생명을 불어넣고 의미를 부여하는 작업을 시작할 것이다. 그동안 이들은 '생명 없는 생명체'였으며, '고립된 외딴섬'이었다. 비록 미약하지만 이후로 하나씩 '살아 있는 생명체'가 될 수 있도록 소중하게 발굴하고 겸손하게 살피고 애정으로 복원해 21세기 한국 사회의 지적 자산으로 확보하고자 한다. 그 방법은 단순하고 명쾌하다. 가까운 곳에서부터 하나씩 '고전'을 발굴하고 복원하는 것이다. 우리는 저들이 우리의 곁에 존재했건만 아직 손대지 못했음을 반성한다. 이후 복원된 생명들이 아름답게 어우러져 훌륭한 인간적, 인문적 세계를 이룰 수 있기를 기대해 본다. 많은 분들의 동참을 기다린다.

2022년 8월
지역 고전학 총서 기획 위원회

차 례

고시를 본떠서 · · · · · · · · · · · · · · · · · 3
밤에 앉아 감회가 있어 · · · · · · · · · · · · · 5
마음속 생각을 쓰다 · · · · · · · · · · · · · · 7
회포를 쓰다 · · · · · · · · · · · · · · · · · 11
당시(唐詩)의 운을 따르다 · · · · · · · · · · · 15
우산에 들어가 정대를 수리하며 · · · · · · · · · 17
회암 선생 〈도공취석〉 시에 공경히 차운하다 · · · · 20
퇴계 선생의 〈추회(秋懷)〉 시에 삼가 차운하다 · · · · 22
설천정에 올라 감회가 있어 복재 선생의 운을 쓰다 · · 24
강가에서 우연히 읊조리다 · · · · · · · · · · · 26
여름날 한가로이 지내며 · · · · · · · · · · · · 27
호대에 올라 감회가 있어 · · · · · · · · · · · · 28
비 온 뒤 미친 흥에 겨워 · · · · · · · · · · · · 30
홍백원이 준 시에 차운하다 · · · · · · · · · · · 31
재에서 지내다 감회가 있어 창석 선생이 조부에게 지어 준 시의 운을 공경히 차운해 유계의 여러 동인에게 보내다 · 33
청효에 우거하며 즉사하다 · · · · · · · · · · · 41

죽헌에서 그윽한 흥을 읊어 별제 족조에게 드리다 · · · 44
객사에서 무료해 회포를 적어 보다 · · · · · · · · · 45
서당을 새로 짓고 기뻐서 죽헌의 시에 차운하다 · · · · 47
가을날 비 내리는데 · · · · · · · · · · · · · · · 49
매호를 추억하며 구점하다 · · · · · · · · · · · · 51
구일에 홀로 앉아서 · · · · · · · · · · · · · · · 53
중이에게 쓴 편지 · · · · · · · · · · · · · · · · 54
인일에 윤필숙에게 부치다 · · · · · · · · · · · · 55
덕산으로 가는 길에 · · · · · · · · · · · · · · · 58
그윽이 지내며 · · · · · · · · · · · · · · · · · 59
용흥사에서 구점하다 · · · · · · · · · · · · · · 60
소로 실정을 아뢰어 실지로 은혜를 입었다. 체직되어 돌아오다 강가에 도착해 감사하며 지었다 · · · · · · · · 62
돌아와 호수에 살 곳을 찾고는 율시 한 수를 읊다 · · · 64
하얀 무지개가 해를 뚫고 3월에 눈이 내려서 · · · · 66
못가에 반송 한 그루가 있는데 푸르고 울창함이 사랑스럽다. 뿌리를 북돋우고 단을 만든 뒤 시를 지어 기록하다 · · 68
남고 시에 차운하다 · · · · · · · · · · · · · · · 69
남산에 올라 멀리 바라보며 · · · · · · · · · · · · 71
매호의 옛 누대 묵은 때를 벗기고 닦으며 · · · · · · 72
묵곡의 호옹과 남고가 선조의 문집을 교감하기 위해 매악 서

당에 모여 열흘 동안 머물렀다. 남고의 짧은 시에 화운하다
·····················73
황의령의 불환정에서 홍백원의 시에 차운하다 ····75
성주 입암을 노닐며 ···············77
동호에 터를 잡고 ·············80
뜻은 있으나 재물이 없어서 ···········82
동명에게 느낌이 있어 ············84
봉양의 시에 차운해 뜻을 말하다 ········86
그윽이 지내며 ··············87
늦은 아침 짓다 ·············88
율리의 고향 집으로 돌아오다 ·········89
봄날 그윽한 곳에서 ············91
한가로이 지내며 우연히 읊다 ··········93
서대를 유람하고 함께 유람한 제군들에게 차운해 보여 주다
···················95
율리에서 봄날 우연히 읊다 ·········97
두류산 천왕봉에 올라 ············98
삼가 도정절의 귀전원 시의 운을 사용하다 ····100
연못 ·················105
산거하며 뜻을 말하다. 전명로의 〈초당〉 시의 운을 쓰다
··················107

지친 새를 읊다 · · · · · · · · · · · · · 109
산에서 지내며 우연히 읊다 · · · · · · · · · · · 111
계곡물 소리 들리니 느낌이 있어서 · · · · · · · · 112
수회동 가는 길에 전명로의 시에 차운하다 · · · · 113
한식날 느낌이 있어서 · · · · · · · · · · · · · 114
봄날 명로를 추억하며 · · · · · · · · · · · · · 115
계정에서 즉흥으로 짓다 · · · · · · · · · · · · 116
산거즉사 · · · · · · · · · · · · · · · · · · · 117
계곡 가를 산보하며 · · · · · · · · · · · · · · 121
계정의 뜨락 나무가 녹음을 새로 드리운 것이 사랑할 만해
· 122
계정에 적다 · · · · · · · · · · · · · · · · · 123
명로 시에 차운하다 · · · · · · · · · · · · · · 124
명로가 홍언명의 운자를 써서 지은 시에 차운하다 · · 126
삼가 창석 선생의 시에 차운해 명로에게 보이다 · · · 128
아이를 데리고 뒷산에 올라 · · · · · · · · · · · 129
수회동을 노닐며 · · · · · · · · · · · · · · · 130
9월 보름에 안태화, 홍백원, 최여안을 데리고 선유동으로 향하다 · 131
완장리 · · · · · · · · · · · · · · · · · · · 132
백운대 · · · · · · · · · · · · · · · · · · · 133

정사를 향하면서 짓다 · · · · · · · · · · 134
명로와 책상을 마주해 기쁨을 적다 · · · · · · · · 136
설날에 회포를 쓰다 · · · · · · · · · · 137
연정에서 저녁에 졸다가 · · · · · · · · · 140
회포가 있어 · · · · · · · · · · · · 141
동각의 분국을 읊다 · · · · · · · · · · 142
징원당에서 비 온 뒤 즉흥으로 짓다 · · · · · · 143
서헌에서 비를 바라보며 고향을 그리워하네 · · · · 145
삼가 한강 선생의 〈아각〉 시에 차운하다 · · · · · 146
황산 초당의 시에 차운하다 · · · · · · · · 148
을사 정월 5일, 사천의 고사를 좇아 반곡대에 노닐며 도잠의 운을 사용하다 · · · · · · · · · · · · · 150
이은대 · · · · · · · · · · · · · · 154
농사를 살펴보고 마수진을 지나며 · · · · · · · 156
서루에서 지리산을 바라보며 · · · · · · · · 157
명로 시에 차운하다 · · · · · · · · · · 158
집에 돌아와 회포를 쓰다 · · · · · · · · · 159
점사에서 감회가 일어 · · · · · · · · · · 160
석가산을 읊조리다 · · · · · · · · · · · 161
용주 조경 공의 〈적백마〉 시에 차운하다 · · · · · 162
검호에서 감회가 일어 · · · · · · · · · · 164

일에 느낌이 있어 · · · · · · · · · · · · · · · 165
산장으로 가는 길에 짓다 · · · · · · · · · · · · 166

부록

한거잡기 · 169
자의 정봉휘를 전송하는 서 · · · · · · · · · · · 175

해설 · 185
지은이 연보 · · · · · · · · · · · · · · · · · · 196
옮긴이에 대해 · · · · · · · · · · · · · · 205

무첨재 시선

고시를 본떠서

앞뜰에 오동나무 하나
짙푸른 잎은 어이해 우거졌느뇨?
너울너울 봉황새 날아와
제일 높은 가지에 깃들였어라.
사나운 맹금이 날로 이곳을 찾아올사
날개 파묻고 구슬피 울어 대네.
더구나 이렇게 큰 그물이 벌여 있나니
하늘의 해도 어느새 저물었다오.
저 만 길 높은 산을 바라보니
소나무와 계수나무 울창하다네.
어이해 너는 높이 날아가서
평생토록 날개털을 자라게 하지 않는가?

擬古

庭前有孤桐　翠葉何葳蕤
翩翩鳳凰鳥　棲止最高枝
鷙鳥日來斯　側翅其鳴悲
況此巨羅張　天日已云暮

瞻彼萬丈山　鬱鬱松桂樹
盍爾高飛去　終年養毛羽

밤에 앉아 감회가 있어

텅 빈 산에는 비바람이 삽상하고
밤이 깊어지니[1] 사람은 그제야 고요해지네.
뜨락 솔은 은은한 울림을 내고
희미한 등불은 외로운 그림자[2] 비추네.
쓸쓸할사 유독 마음 슬프고
휘장, 베개도 소슬하게[3] 차갑네.
세상일은 탄식 속으로 들리니
흐르는 눈물 공연히 옷깃을 적시네.
어찌해야 도적들을 평정해
다시 천지가 바로잡힘을 보려나?

---

1) 밤이 깊어지니 : 원문은 '야음(夜陰)'으로, 밤빛이나 깜깜한 밤을 말한다.
2) 외로운 그림자 : 원문은 '고영(孤影)'으로, 혼자 있어 쓸쓸한 신세를 말한다.
3) 소슬하게 : 원문은 '소소(蕭蕭)'로, 쓸쓸하고 을씨년스러운 광경을 뜻한다.

夜坐感懷

空山風雨颯　夜陰人初靜
庭松發幽響　殘燈照孤影
凄凄獨愴懷　幌枕蕭蕭冷
世事入嗚呼　涕淚空沾領
何當寇賊平　復見乾坤正

마음속 생각을 쓰다

북풍이 낮이며 밤이며 일어나니
쏴아쏴아 높은 버들이 흔들리네.
흰 눈이 온갖 풀들을 덮고
황량한 산은 빈 창을 마주했네.
홀로 앉으니 생각도 많을사
묵묵히 속마음을 말하노라.
날은 차갑고 전굴4) 깊은 곳에
임금5)께선 오늘 편안하시려나?
높고도 험악하며, 거센 싸움터에서
학기6)를 뉘라서 수호하리오?

---

4) 전굴(羶窟) : '누린내 나는 굴'을 뜻한다. 여기에서는 청나라 사람들의 몸에서 나는 누린 냄새를 말하며, 당시 청나라와 전쟁에서 불리한 상황을 보여 준다.
5) 임금 : 원문은 '신전(宸殿)'. '자신전(紫宸殿)'을 말하는데 임금이 정사를 보는 궁전이다.
6) 학기(鶴旗) : 조정의 의장기를 말한다. 백학기는 백색 바탕에 백학과 청·적·황·백색의 구름을 그리고 노란색의 화염각을 단 사각형의 의장기를 말한다. 현학기는 백색 바탕에 검은 학과 구름을 그렸으

세 사람7)이 또한 무엇을 잘못했던가
분통해 유골도 썩지 않으리라.
홍 공8)이 절의로 항거하던 날 저녁
뜨거운 기상이 두우성9)을 찔렀도다.
꿈틀대며 저 떠나가던 무리10)

며, 청・적・황・백색의 화염각을 단 의장기를 말한다.
7) 세 사람 : 원문은 '삼인(三人)'. 청나라를 극력 배척했던 홍익한(洪翼漢)・오달제(吳達濟)・윤집(尹集) 삼학사(三學士)를 가리킨 것으로, 조선과 청나라의 화의가 성립된 후 청나라의 요청에 의해 이들이 청나라에 잡혀갈 적에 인조가 이들을 불쌍히 여겨 친히 접견해 위로해 주었던 일을 말한다. 이들은 청나라에서 끝내 살해되고 말았다.
8) 홍 공 : 홍익한(洪翼漢, 1586~1637). 본관은 남양(南陽), 자는 백승(伯升), 호는 화포(花浦), 시호는 충정(忠正)이다. 1615년 생원이 되고, 1624년 문과에 장원 급제했다. 병자호란이 일어나자 척화론(斥和論)을 주장했다가, 화의가 성립되자 오달제, 윤집 등과 함께 청나라에 압송된 뒤 죽임을 당했다. 광주(廣州) 현절사(顯節祠)와 강화의 충렬사(忠烈祠) 등에 배향되었다. 저서에 《화포집》과 《북행록(北行錄)》 등이 있다.
9) 두우성 : 원문은 '우두(牛斗)'. 견우성과 북두를 합칭한 말로 진(晉)나라 때 충신 장화(張華)가 일찍이 두성(斗星)과 우성(牛星) 사이에 자기(紫氣)가 뻗치는 것을 보고, 뇌환(雷煥)을 보내 풍성현(豊城縣)의 옛 옥사(獄舍)에서 용천(龍泉)과 태아(太阿) 두 명검(名劍)을 얻었는데, 전해서 걸출한 인물이나 빼어난 문장 및 물건 등을 비유한다.

어찌 낯가죽을 더욱 두껍게 하지 않으리오?
슬프구나. 쌍령11)의 패배로
쌓인 시체는 산과 같아라.
가서 원혼을 조문하고자 해도
앞길에는 곰과 범, 으르렁거리네.

賦懷

朔風日夕起　颯颯動高柳
白雪覆百草　荒山對虛牖
獨坐多所懷　黙黙心語口
天寒檀窟深　宸殿今安否
嶔岑猛獸場　鶴旗有誰守
三人亦何辜　含憤骨難朽
洪公抗節夕　烈氣衝牛斗
蠢彼竄流輩　豈不顔益厚

---

10) 떠나가던 무리 : 원문은 '서류(竄流)'. 죄인을 멀리 귀양 보내던 일을 말하는데 여기에서는 청나라를 뜻한다.
11) 쌍령(雙嶺) : 병자호란 때 청나라 군대와 싸움을 벌인 곳으로, 경기도 광주(廣州)에 있는 고개 이름이다. 이 전투에서 경상도의 좌병마절도사 허완(許完)과 우병마절도사 민영(閔泳)이 경상도에서 4만의 군사를 모집해 남한산성을 향해 진군하다가 청나라 기병 300명의 공격을 받고 대패했다.

哀哉雙嶺敗　積屍如山阜
欲往吊冤魂　前路熊虎吼

회포를 쓰다

백 근을 난쟁이[12]에게 강요하고
버텨 낼지 못 버틸지 묻지 말라.
짐을 진 자가 가벼운지 무거운지는
오직 짐을 진 자만 알리라.
내 어찌 학문을 닦는[13] 사람으로
헛된 명성에 되레 몸을 그르치리오?

---

12) 난쟁이 : 원문은 '초요(僬僥)'로, 난쟁이라는 말이다. 《열자(列子)》〈탕문(湯問)〉에 "중주(中州)로부터 동쪽으로 4만 리에 초요국이 있는데 사람의 키가 1척 5촌이다(從中州以東四十萬里得僬僥國, 人長一尺五寸)"라고 했다. 주로 '억지로 천균(千鈞)의 무거운 짐을 지우다(强負千鈞)'와 같이 쓰여서 능력이 부족한 사람이 과중한 임무를 억지로 수행하는 것을 의미한다.

13) 학문을 닦는 : 원문은 '장수(莊修)'로, '장수(藏修)'와 서로 통용했던 듯하다. 한결같은 마음으로 학업에 매진한다는 뜻이다. 《예기(禮記)》〈학기(學記)〉에 "군자는 배움에 장하고, 수하고, 식하고, 유한다(君子之於學也, 藏焉修焉, 息焉遊焉)"라고 했는데, 공영달(孔穎達)은 소(疏)에서 "장은 마음속에 항상 학업을 품는 것이고, 수는 닦고 익히기를 그만두지 않는 것이다(藏謂心常懷抱學業也, 修謂修習不能廢也)"라고 풀이했다.

평생토록 충, 효를 원했는데
오늘날 둘을 펴기 어렵구나.

나아가 군주를 섬기고자 하면 감당하지 못할 직분이 자리하고, 견디지 못할 일을 맡게 되니 재주에 따라 힘을 바쳐서 작은 보답도 도모하지 못하게 한다. 물러나 어버이를 봉양하고자 하면 실정을 헤아리지 못하고 칭찬과 추켜올림만 잘못 더해지니 분수에 편안해하고 소박한 본성을 지키며14) 정성(定省)15)의 예를 다하지 못하게 하기 때문에 말했다.

나는 모기16)는 산을 짊어지기 어렵고

---

14) 소박한 본성을 지키며 : 원문은 '수졸(守拙)'. 졸렬함(질박함)을 지킨다는 뜻으로, 자신의 소박한 본성을 지키면서 전원에 돌아가 사는 것을 말한다. 진(晉)나라 도잠(陶潛)의 〈귀원전거(歸園田居)〉에 "남쪽 들판에서 황폐한 밭 일구며 졸렬함을 지켜 전원으로 돌아왔다(開荒南野際, 守拙歸園田)"라고 보인다.
15) 정성(定省) : '혼정신성(昏定晨省)'의 준말. 밤에는 잠자리를 돌보고 아침에는 안부를 살핀다는 뜻으로, 정성으로 부모님을 섬기는 도리(道理)를 이르는 말이다. 《예기》〈곡례 상(曲禮上)〉의 "자식 된 자는 어버이에 대해 겨울에는 따뜻하게 해 드리고 여름에는 시원하게 해 드려야 하며, 저녁에는 잠자리를 보살펴 드리고 아침에는 문안 인사를 올려야 한다(冬溫而夏淸 昏定而晨省)"라는 말에서 나왔다.
16) 모기 : 원문은 '비문(飛蚊)'. 떼 지어 나는 모기떼라는 뜻으로, 고상한 풍류를 즐길 줄은 모른 채 그저 술에 취해서 기생들과 노닥거리며

노둔한 자질이 어찌 천리마가 되리오?
세상에 알아주는 이[17] 적어
스스로 한탄하고 또한 스스로 부끄럽네.
그저 어머니 생각으로 괴롭지만
군주를 사랑하는 정성은 없지 않다네.
[어머니 계신] 상주[18]와 [임금 계신] 한양이

시간을 보내는 사람들을 말하는데, 한유(韓愈)의 "장안의 부잣집 아이들은, 식탁에 고급 안주 잔뜩 차려 놓고, 글 지으며 술 마실 줄은 아예 모른 채, 붉은 치마 두른 여자들에게만 취하나니, 비록 한동안 즐거움은 얻을지 몰라도, 떼 지어 나는 모기떼나 똑같다 하리(長安衆富兒, 盤饌羅羶葷, 不解文字飮, 惟能醉紅裙, 雖得一餉樂, 有如聚飛蚊)"라는 시에서 나온 것이다. 《한창려집(韓昌黎集)》참조.

17) 알아주는 이 : 원문은 '지음(知音)'. 곡조를 안다는 뜻으로 지기(知己)의 벗을 말한 것이다. 백아가 금(琴)을 탈적에 종자기는 이를 감상했는데, 백아가 뜻을 태산(太山)에 두고 금을 타니 종자기는 "아, 훌륭하다. 금 소리여! 높고 높아 태산과 같구나" 했다. 조금 후에 백아가 다시 뜻을 흐르는 물[流水]에 두고 금을 타니 종자기는 "아, 훌륭하다 금 소리여! 넓고 넓어 흐르는 물과 같구나" 했다. 뒤에 종자기가 죽자 백아는 "이제는 세상에 다시 내 곡조를 알아줄 사람[知音]이 없다" 하고는 금을 부수고 현을 끊어 버렸다. 《열자(列子)》참조.

18) 상주 : 원문은 '상산(商山)'. 현재 경상북도 상주(尙州)의 옛 이름이다. 진(秦)나라 말기의 은사(隱士), 상산사호(商山四晧)로 불리는 동원공(東園公), 녹리선생(甪里先生), 기리계(綺里季), 하황공(夏黃公)이

끊임없이 모두 마음에 걸린다네.

題懷

百斤强儦儦 莫問支不支
擔子輕與重 只應擔子知
我豈莊修者 虛名却誤身
平生忠孝願 此日兩難伸

欲進而事主 則處以不敢當之職 資以不可堪之事 使不得隨才效力 以圖涓埃之報 欲退而養親 則不究情實 謬加稱引 不得安分守拙 以專定省之禮故云

飛蚊難負山 駑質寧爲驥
世間少知音 自歎還自愧
只爲思親苦 非無愛主誠
商山與漢水 脈脈摠關情

숨어 살았던 상산(商山)과 같은 이름이다.

당시(唐詩)[19]의 운을 따르다

시골 거리는 원래 깊고 후미진데
가을이 오자 왕래마저도 끊어졌네.
기심을 잊으니[20] 물새가 즐겁고
사람이 고요하니 성정이 한가하네.
구름 그림자는 시냇물에 잠기고
바람 소리는 저물녘 산으로 떨어지네.
연명[21]이 얻은 참다운 흥취
천년을 누가 능히 붙잡으려나?

---

19) 당시(唐詩) : 중국 당나라의 시인들이 지은 한시를 말한다.
20) 기심을 잊으니 : 원문은 '망기(機忘)'로, 기심(機心)을 잊는 것을 말한다. '기심'은 사적인 목적을 위해 불순한 마음을 품는 것을 말한다. 즉, 이익을 위해 교묘하게 꾀하는 마음을 가리킨다. 바닷가에서 아무런 기심도 없이 갈매기와 벗하며 친하게 지내던 사람이 부친의 부탁을 받고 갈매기를 잡으려는 마음을 갖게 되자 갈매기들이 벌써 알아채고 그 사람 가까이 날아오지 않았다는 이야기가 전한다. 《열자》 참조.
21) 연명(淵明) : 동진(東晉) 시대 시인 도잠(陶潛, 365~427)의 호다. 시호는 정절선생(靖節先生)이며 저서로는 《도정절집(陶靖節集)》이 있다.

步唐詩韻

村巷元幽僻　秋來絶往還
機忘魚鳥樂　人靜性情閒
雲影浸溪水　風聲落暮山
淵明有眞趣　千載孰能攀

우산에 들어가 정대를 수리하며

깊숙한 우산 골짝은 그윽하거니
선조께서 예전에 오유하던 곳이라.
바위 위 누대의 거친 잡목을 걷어 내고
계곡 가 수풀의 나무로 남겨진 터를 손질하네.
그저 마을 연기의 소란을 꺼려
이렇게 산승처럼 거처한다오.
누런 회양목22)에 새로운 떨기를 가꾸고
푸른 회나무는 오랜 그루터기를 그대로 두었네.
경물은 여전히 의연하고
도서 또한 완연해라.
국그릇 담벼락23)에 그리움이 사라지지 않고

---

22) 누런 회양목 : 원문은 '황양(黃楊)'. 회양목으로 진보가 더딘 것을 비유한 것이다. 회양목은 꽃도 피지 않고 열매도 열지 않으며 몹시 더디게 자라는 나무로서, 1년에 한 치[寸]씩 자라는데, 윤달이 든 해를 만나면 한 치가 줄어든다고 했다.
23) 국그릇 담벼락 : 원문은 '갱장(羹墻)'. 국그릇과 담벼락으로, 누군가를 우러러 사모하는 마음을 뜻하는 말로 흔히 쓰인다. 옛날에 요임금이

깃들여 사는 데에 즐겁기가 넉넉해라.
첫 마음 이루니[24] 뜻은 벌써 흡족하고
일을 줄이니 마음은 더욱 비어 가네.
뜨락에 물을 대며 애오라지 유유자적할사
조금의 바탕조차 아예 없지는 않다오.

주희의 시에 "정원에 물 주며 조금의 바탕조차 없었네"[25]라고 되어

죽자 순임금이 3년 동안을 우러러 사모했는데, 앉아 있을 때면 요임금의 모습이 담벼락에 나타나고, 밥을 먹을 때면 국그릇에 나타났다고 한 데서 온 말이다. 《후한서(後漢書)》 참조.
24) 첫 마음 이루니 : 원문은 '수초(遂初)'. 처음 뜻을 이룬다는 말로, 벼슬을 그만두고 전야에 은거함을 뜻한다. 진(晉)나라 손작(孫綽)이 10여 년 동안 산수에 노닐며, 산림에 은거하려고 마음먹은 처음의 뜻을 마침내 이루게 되었다는 내용으로 〈수초부(遂初賦)〉를 지은 데서 유래한 말이다. 《진서(晉書)》 참조.
25) 정원에⋯ 없었네 : 주희의 〈술회(述懷)〉라는 작품의 일부로 5언 율시의 형식이다. 전체 시는 다음과 같다. "일찍부터 숲과 골짝에 근본해 정원에 물 주며 조금의 바탕조차 없었네. 처음 경영할 계책을 품었으나, 되레 높은 벼슬 부끄럽다네. 관직에서 문서 기록하고자, 손에 든 것은 먹물이라네. 서툴고 순탄치 않다고 여기니, 어찌 감히 낮은 곳에 있기를 논하리오? 부족한 사람에게 맡기니 [자질이] 모자라서, 안고 끙끙거리다 한 번도 시행하지 못했네. 다행히 대인의 현명함에 힘입고, 너그러운 가르침의 은혜가 더해졌다네. 스스로 살피니 실상은 이미 넉넉한데, 도를 어찌 생각이나 하겠는가? 끝내 처음 뜻을 둔 곳으로 돌아가

있다.

入愚山修治亭臺

窈窕愚谷幽　先祖昔所娛
巖臺剔荒榛　溪樹理遺墟
只嫌村烟鬧　爲此山僧居
黃楊藝新叢　蒼檜護舊株
景物尙依然　圖書亦宛如
羹墻慕靡歇　棲息樂有餘
遂初意已愜　寡營心采虛
灌園聊自適　寸資未全無
朱詩云灌園無寸資

고자, 고아하게 읍하고 세상과 사절하노라(夙尙本林壑, 灌園無时資. 始懷經濟策, 復愧軒裳姿. 效官刀筆間, 硃墨手所持. 謂言殫蹇劣, 詎敢論居卑. 任小纔亦短, 抱唅一無施. 幸蒙大伕賢, 加惠寬棰苔. 撫己實已優, 於道豈所期. 終當反初服, 高揖與世辭)."

회암 선생 〈도공취석〉[26] 시에 공경히 차운하다

내 돌아온 지 이십 년이 지났기에
이십 년 전의 일을 아련히 생각하노라.
지난 일에 미칠 수 없으니
긍구(肯構)[27]는 선현께 부끄럽네.

---

26) 〈도공취석(陶公醉石)〉: 원제목은 〈도공취석귀거래관(陶公醉石歸去來館)〉이다. 주희가 55세 때인 1184년 여산(廬山)에 있을 당시, 오유봉 근처 귀종(歸宗) 서쪽의 진(晉)나라 도잠(陶潛)이 술에 취해 앉아 있었다는 바위인 도공취석과 그가 거처한 곳이었다는 귀거래관을 둘러보고 도잠을 그리는 시를 지었다고 한다. 시는 다음과 같다. "나는 천년 뒤에 태어나 오히려 천 년 전의 인물과 벗하네. 매양 덕 높은 선비의 전기를 찾는데 유독 연명의 현덕(賢德)을 찬탄하게 되네. 여기, 취석에 이르니, 연명(淵明) 공(公)이 취기(醉氣)에 잠을 청한 곳이라 말들 하네. 바위며 골짜기가 예스럽고, 넓고도 넓어서 바람과 노을을 감추었네. 높은 나무 그늘 우러르고, 허리 굽혀 옆으로 쏟아지는 물소리도 들으니, 풍경이 저절로 깨끗해져서 여유롭게 노닐며 남은 세월 잊고 싶네(予生千載後, 尚友千載前. 每尋高士傳, 獨嘆淵明賢. 及此逢醉石, 謂言公所眠. 況復巖壑古, 縹緲藏風煙. 仰看喬木陰, 俯聽橫飛泉. 景物自清絕, 優游可忘年)." 《주자대전(朱子大全)》 참조.
27) 긍구(肯構): 긍구긍당(肯構肯堂)의 준말로, 자손이 선대의 유업을

다행히도 이곳에 인끈 풀고 돌아왔으니
그대로 베개 높이고 자련다.
계당엔 꽃과 대나무 늘어서 있고
석당은 구름과 안개 속에 감춰졌네.
두건 젖혀 쓰고 산 고개를 대하고
지팡이 의지하며 바람 부는 시내에 귀 기울이네.
더구나 어진 벗 다시 얻었으니
강마하며 해가 끝나는 날까지 즐기리라.

敬次晦菴先生陶公醉石韻

我來卄載後　緬憶卄載前
往事不可尋　肯構愧先賢
幸此解組歸　聊以高枕眠
溪堂列花竹　石臺藏雲煙
岸幘對嵐嶺　倚筇聆風泉
況復獲良友　講磨樂終年

잘 계승하는 것을 뜻한다. 《서경(書經)》〈대고(大誥)〉에 "만약 아버지가 집을 지으려 작정해 이미 그 규모를 정했으면 그 아들이 기꺼이 집의 터도 만들려 하지 않으면서 하물며 기꺼이 집을 지으랴?(若考作室, 旣底法, 厥子乃不肯堂, 矧肯構?)"라고 한 대목에서 온 말이다.

퇴계 선생의 〈추회(秋懷)〉[28] 시에 삼가 차운하다

집 뒤에는 푸른 산이 우뚝하고
집 아래엔 맑은 강이 길게 뻗었네.
강에 뜬 달은 나의 옷깃을 비추고
산수는 나의 먹거리를 제공하네.
내 단 하나 골짜기, 그윽함을 지키니

---

28) 〈추회(秋懷)〉: 〈가을날의 회포 11수. 왕매계[王梅溪 : 왕시붕(王十朋)]가 한창려[韓昌黎 : 한유(韓愈)]의 시에 화답한 것을 읽고 느낌이 있어 그 운을 그대로 쓴다(秋懷十一首, 讀王梅溪和韓詩有感, 仍用其韻)〉다. 시는 다음과 같다. "가을 산 경치 좋은데, 아침에 개어 구름 길게 늘어져 있네. 몸에는 한 벌 베옷 걸치고, 소반에는 하나의 대그릇에 밥 있네. 한가로이 거닐면서 바깥세상의 일 끊어 버리고, 굽어보고 우러러보며 평소의 바람 향해 가네. 어찌하여 옛사람의 책은, 나로 하여금 큰 탄식 나게 하는가? 옳고 그름 오래되면 하나가 되고, 참과 허위 애당초 만 가지도 넘었다네. 재주 있으면 나라 뒤집어 팔고, 보배 있으면 몸 상해 가며 바치네. 사람들 실로 큰 도에 어두운 것이니, 하느님은 원망할 수 없네(秋山景色好, 朝霽雲曼曼. 身上一布衣, 盤中一簞飯. 逍遙絶外事, 俛仰適素願. 如何故人書, 使我發浩歎. 是非久乃一, 情僞初相萬. 有技覆國售, 有寶戕身獻. 人苟昧大道, 天公未可怨)." 《퇴계집》 권2 참조.

내 평생 지닌 소원에 흡족하다네.
책을 펼쳐 항상 홀로 즐기고
시절을 살펴 공허히 길게 탄식하네.
인심은 본래 갈래가 천이요
세상길 또한 만 갈래라네.
거북이는 껍데기에 자신을 숨기고
조개는 구슬 갈라서 자신을 바친다네.
영화와 욕됨은 모두 나에게 달렸으니
은혜와 원망을 품을 수 없네.

謹次退溪先生秋懷韻

屋上靑山巍　屋下淸江曼
江月照我衿　山水供我飯
守我一壑幽　愜我平生願
披書常獨樂　撫時空長歎
人心本岐千　世路亦有萬
俾殼龜自藏　剖珠蚌自獻
榮辱俱在己　未可含恩怨

설천정[29]에 올라 감회가 있어 복재 선생[30]의 운을 쓰다

우뚝우뚝 설산[31]은 높고
넘실넘실 설천[32]은 깊네.
그 안에 고즈넉한 옛 정자가 있고
들창은 겨울 추위에 잠겼어라.
깊이 읊조리며[33] 남겨진 자취 더듬으니
서늘한 바람이 뜰 숲을 흔드네.
의연한 십 년의 일
생각할수록 더욱 옷깃 적시네.

---

29) 설천정(雪川亭) : 경주시 강동면 양동리 내에 있는 정자다.
30) 복재(復齋) 선생 : 복재는 정국성(鄭國成, 1526~1592)의 호이며 자는 숙거(叔擧)다. 1558년 사마시에 합격한 이후 학행으로 천거되어 참봉에 제수되었다. 1592년 임진왜란이 일어나자 상주에서 창의(倡義)하고 일어섰으나 순국했다.
31) 설산 : 설천정 뒤에 있는 설창산(雪蒼山)을 말한다.
32) 설천 : 설천정 앞으로 흐르는 안락천(安樂川)을 말한다.
33) 깊이 읊조리며 : 원문은 '침음(沉吟)'. 입 속으로 웅얼거려 깊이 생각하는 것을 말한다.

登雪川亭有感 用服齋先生韻

峩峩雪山高　瀰瀰雪川深
中有古亭幽　軒牕鎖寒陰
沉吟撫遺躅　凄風動庭林
依然十年事　念之增沾衿

강가에서 우연히 읊조리다

흰 돌 깔린 맑은 강가에서
홀로 읊조리니 먼 데 그리움이 많아지네.
어찌해야 집 한 칸 짓고
거문고에 술로 남은 삶을 보낼까나?

江上偶吟

白石淸江上　孤吟遠思多
何當營一屋　琴酒度生涯

여름날 한가로이 지내며

형문34)의 이끼 색은 얼룩덜룩하든 말든
나를 찾아오는 이 없어, 나 절로 한가롭네.
긴 하루 책을 보며 다른 일이 없으니
두건 젖힌 채35) 애오라지 남산36)을 마주하노라.

夏日閑居

衡門苔色任斑斑　問我無人我自閒
永日看書無別事　岸巾聊復對南山

---

34) 형문(衡門) : 두 개의 기둥에 한 개의 횡목(橫木)을 가로질러 만든 사립문으로, 초야의 누추한 은자(隱者)의 집을 가리킨다.
35) 두건 젖힌 채 : 원문은 '안건(岸巾)'. 두건을 뒤로 젖혀 써서 이마가 훤히 드러나게 하는 것으로, 전의해서 소탈한 태도나 격식을 차리지 않은 옷차림을 형용하는 말이다.
36) 남산 : 진(晉)나라의 은사인 도잠(陶潛)이 살았던 곳으로 벼슬을 버리고 전원으로 돌아가 생활하는 것을 말한다. 그가 〈음주(飮酒)〉에서 "동쪽 울타리 아래에서 국화를 따다가, 한가로이 남산을 바라본다(採菊東籬下, 悠然見南山)"라고 한 구절이 있다.

호대에 올라 감회가 있어

높이 올라 잠시 창연히 바라보니
하늘가 어지러이 구름만 나지막하네.
가는 물은 원래 북쪽으로 흐르기 어렵고
지는 해는 본래 서쪽으로 기울기 쉽다네.
십 년을 헛되이 공물을 바쳤건만37)
어느 날 전쟁의 북소리 그칠까?
시골 늙은이 소리 삼키며 눈물 흘리는데
느닷없이 촉제38)의 울음소리 더하네.

---

37) 공물을 바쳤건만 : 원문은 '집양(執壤)'. 그 땅에서 나는 특산물을 가지고 가서 임금에게 바치는 것을 말한다. 《서경(書經)》〈주서(周書) 강고(康誥)〉에, "감히 토산물을 가져다 바칩니다(敢執壤奠)"라고 했다. 여기에서는 1627년 정묘호란 이후 후금의 요구를 들어주어 예물을 바친 것을 말한다.
38) 촉제 : 원문은 '촉혼(蜀魄)'으로, 두견새를 말한다. 옛날 촉(蜀)나라에 이름이 두우(杜宇)인 망제(望帝)가 있었는데, 죽어서 두견이가 된 뒤 봄철에 밤낮으로 슬피 울어 눈물이 떨어진 곳에서 연분홍 진달래가 피어났다고 한다. 그래서 두견새를 촉혼(蜀魂)·촉조(蜀鳥)·귀촉도(歸蜀道)·두백(杜魄)·두우(杜宇)·망제혼(望帝魂)이라고도 한다.

登湖臺感懷

登高一悵望　天際亂雲低
逝水元難北　斜陽自易西
十年虛執壤　何日息征鼙
野老吞聲淚　飜添蜀魄啼

《태평어람(太平御覽)》참조.

비 온 뒤 미친 흥에 겨워

밤 내내 강에 내린 비 청산까지 적시고
솔과 계수는 우거질사 낮조차 문은 닫혔어라.
꽃이 떨어져 뜰 가득해도 느긋이 쓸지 않으며
해 질 녘 바람 불어 대나무 창으로 들어오네.

雨後謾興

夜來江雨濕靑山 松桂陰陰晝掩關
花落滿庭閒不掃 晚風吹入竹牕間

홍백원[39]이 준 시에 차운하다

율리[40]의 전원이 궁벽해
단정히 지내며 속세의 일과 거리 두노라.
산중 술엔 누런 국화가 깨끗하고
들판 밥엔 자색 토란이 통통하구나.
손이 드물어 걸상 내건 지[41] 오래요
뜨락은 외져서 사립을 걸지 않았지.
맑은 물 내려다보며 때로 한 번 휘파람 불고

---

39) 홍백원 : 홍여하(洪汝河, 1620~1674). 본관은 부계(缶溪), 자는 백원(百源)이고, 호는 목재(木齋)다. 예문관검열, 경성판관 등을 역임했다. 상주 근암 서원에 제향되었고, 저서로는 《목재집》 등이 있다.
40) 율리(栗里) : 지금의 문경시 영순면 율리.
41) 걸상 내건 지 : 원문은 '현탑(懸榻)'. 걸상을 걸어 놓는다는 뜻으로 어진 사람이나 친한 벗을 깍듯이 대우한다는 뜻이다. 후한 환제(桓帝) 때의 고사(高士)인 진번(陳蕃)이 예장태수(豫章太守)로 있을 적에 다른 손님은 잘 접견하지 않았으나, 특별히 걸상 하나를 시렁에 매달아 두었다가 은사인 서치(徐穉)가 오면 앉게 하고 그가 돌아가면 다시 그 걸상을 매달아 두었던 고사에서 유래한 말이다. 《후한서(後漢書)》〈서치열전(徐穉列傳)〉 참조.

애오라지 다시 금의 줄[42]을 희롱하노라.

次洪佰源汝河贈韻

栗里田園僻　端居塵事違
山醋黃菊淨　野飯紫芋肥
客少長懸榻　庭幽不設扉
臨流時一嘯　聊復弄琴徽

---

42) 금의 줄 : 원문은 '금휘(琴徽)'. 휘는 기러기의 발처럼 만들어서 거문고나 가야금 등 현악기의 줄 밑에 괴어 조율하는 기구다. 거문고는 모두 13개의 휘가 있다.

재에서 지내다 감회가 있어 창석 선생[43]이 조부[44]에게 지어 준 시의 운을 공경히 차운해 유계의 여러 동인에게 보내다

제1수

낙동강은 쉼 없이 흐르고[45]
산은 높고도 높아라.
청숙[46]이 쌓인 곳이라
배태[47] 융숭하구나.

---

43) 창석 선생 : 이준(李埈, 1560~1635)을 말한다. 본관은 흥양(興陽), 자는 숙평(叔平), 호는 창석(蒼石)·유계(酉溪), 시호는 문간(文簡)이다. 유성룡(柳成龍)의 문인이다. 1591년(선조 24) 별시 문과에 합격해 예조정랑, 단양군수를 지내다 1603년 경상좌도 재상경차관(災傷敬差官)이 되었고, 이듬해에 세자책봉주청사(世子冊封奏請使) 이정귀(李廷龜)의 서장관이 되어 중국에 갔다. 이후 교리, 동부승지, 우승지, 삼척부사 등을 역임했다. 상주 옥성 서원(玉成書院)에 봉안되었으며, 저서는 《창석집》이 전한다.
44) 조부 : 정경세를 말한다.
45) 쉼 없이 흐르고 : 원문은 '운운(沄沄)'. 광대한 물이 끝없이 흐르는 것을 형용한 말이다.
46) 청숙(淸淑) : 맑은 기운을 말한다.

땅에 떨어짐48)이 모두 가깝고49)

세상으로 향함이 또한 같다네.50)

어찌 우연이라 하리오?

하늘이 우리의 몽매함을 열어 주네.

제2수

덕으로 이웃이 되었고

난초 같은 교분을 맺었네.51)

---

47) 배태(胚胎) : 물(物)의 갓 생김을 이름이다. 그러므로 또한 일의 시초에 비유하기도 한다. 《본초(本草)》에 "배태장조(胚胎將兆)"라 했다.
48) 땅에 떨어짐 : 원문은 '낙지(落地)'로, 출생한 것을 말한다. 진나라 도잠(陶潛)의 시에 "땅에 떨어진 사람들 모두가 나의 형제이니, 어찌 반드시 골육의 친척만 있으리오(落地爲兄弟, 何必骨肉親)"라고 했다. 이것은 서로 다른 곳에 태어났어도 모두가 형제처럼 친한 사이가 된다는 말이다. 《도연명집(陶淵明集)》 참조.
49) 땅에 떨어짐이 모두 가깝고 : 창석 이준은 1560년에, 우복 정경세는 1563년에 태어났음을 말한다.
50) 세상으로 향함이 또한 같다네 : 이준은 1582년 생원시에 입격했고, 정경세는 같은 해 진사시에 입격했음을 말한다.
51) 난초 같은 교분을 맺었네 : 원문은 '난지계(蘭之契)'. 난초의 향기처럼 아름다운 교제라는 뜻으로 친밀한 사람들의 사귐을 말한다. 《주역》 〈계사전 상(繫辭傳上)〉에 "군자의 도가 혹은 나아가고 혹은 처하며, 혹

날카로움이 금석을 끊었고[52]
곱자를 숫돌에 갈았지.
관중과 포숙[53]은 드문 것 아니라
주희와 장식[54]이 뒤를 이었네.
사귀는 도리를 완전히 해서
후세에 모범을 드리웠지.

은 침묵하고 혹은 말하나, 두 사람이 마음을 함께하니 그 날카로움이 쇠를 끊는다. 마음을 함께하는 말은 그 향기로움이 난초와 같다(君子之道, 或出或處, 或默或語. 二人同心, 其利斷金; 同心之言, 其臭如蘭)"라고 한 데서 온 말이다.

52) 날카로움이 금석을 끊었고 : 원문은 '이단금(利斷金)'. 쇠라도 끊을 정도로 굳은 교분을 말한다. 《주역》〈계사전 상〉에 "두 사람이 마음을 함께하니 그 날카로움이 쇠를 끊는다(二人同心, 其利斷金)"라고 했다.

53) 관중과 포숙 : 원문은 관포'(管鮑)'. 춘추 시대 제(齊)나라 관중(管仲)과 포숙(鮑叔)이 어려서부터 서로 친구 사이였다. 포숙은 관중의 어짊을 잘 알아주었지만, 관중은 워낙 빈곤해 포숙을 항상 속이곤 했다. 그러나 포숙은 끝까지 관중을 믿어 주어, 뒤에 관중이 "나를 낳아 준 분은 부모요, 나를 알아준 이는 포숙이다"라고 했다.

54) 주희와 장식 : 원문은 '주장(朱張)'. 주희(朱熹)와 장식(張栻)을 이른다. 주희는 장식과 도의지교를 맺어 학문을 강론했으므로 이준과 정경세를 주희와 장식에 비견해 말한 것이다.

제3수

전형55)이 한번 멀어지니
사모는 좌절되어 뒤좇지 못하네.
옛날 초려를 돌아보니
나의 서글픔만 더해 가네.
어른56)을 따르고 모시던
그때는 다시 오지 않네.
단지 지금 산의 달만이
저 시내를 비추는구나.

제4수

아! 나의 고루함
여태까지 이룬 것이 없네.
앞의 공렬57)을 더럽혔고

---

55) 전형 : 옛 법도를 말한다. 《시경》〈탕(蕩)〉에 "노성인은 없다 해도 전형은 아직 있는데, 한 번도 따르지 않다가 국가의 운명 기울었네(雖無老成人, 尙有典刑, 曾是莫聽, 大命以傾)"라고 했다.
56) 어른 : 원문은 '장구(杖屨)'. 지팡이와 신발로, 어른에 대한 경칭(敬稱)으로 쓰는데 사람을 직접 가리키지 않고 딸린 물건을 들어 존경하는 뜻을 표시하는 것이다.

평생 동안 짐 진다네.
옛일 느꺼워 지금 생각하니
입만 남아 마음 철렁하다네.
어찌하면 자리를 가까이 해서
이 충정을 펼까나?

제5수

저 유계를 바라보니
이 사람 이른 곳이라네.
효와 우로 서로 권하고
시와 예를 익힌다네.
적선(積善)에 경사(慶事)로 보답이 있다 하니
지금이나 예나 어찌 다르리오?
힘써 선조의 가르침을 따라서
혹여라도 저버리진 말라.

제6수

예전 나는 거처가 달랐고

---

57) 공렬(功烈) : 뛰어난 공적을 말한다.

지금 나는 병을 안고 있다네.
얼굴 마주함이 비록 간소하지만
둘 사이 정, 서로 비추는구나.
여러 대를 알고 교분을 맺었으니
다른 성씨라 의아해하지 마시라.
바라노니 이를 생각해서
서로 경계하며58) 공경할지니.

제7수

사람들 말에
사귐의 도는 이루기 어렵다더라.
말 한마디 겨우 거스르자마자
원수의 틈이 이미 싹트는 법.
백년을 한결같이 기뻐하는 이
오직 나와 형이라네.
애오라지 이 시를 드려서
난초 향으로 맺어 보세.

---

58) 서로 경계하며 : 원문은 '상규(相規)'. 중국 북송 때 향촌을 교화, 선도하기 위해 만들었던 자치 규약 중 주된 강목의 하나인 "좋은 일은 서로 권장한다(德業相勸)"를 말한다.

齋居有懷 謹次蒼石先生贈王考韻 寄酉溪諸同人

其一首
維洛沄沄　維嶽崇崇
淸淑所積　胚胎斯隆
落地共邇　降世又同
夫豈偶爾　天啓我蒙

其二首
德以爲隣　如蘭之契
利斷金石　矩切砥礪
管鮑非希　朱張寔繼
交道之完　垂範來世

其三首
典刑一邈　摧慕靡追
舊廬言旋　增我悽而
杖屨隨從　非復當時
秖今山月　照彼溪湄

其四首
嗟余固陋　迄玆無成
有忝前烈　有負平生
感古惟今　口存心驚

安得促席　抒此衷情

其五首
睠彼西溪　之子攸暨
孝友相勸　詩禮是肄
善慶有報　今昔奚異
勉遵先訓　罔或云墜

其六首
昔我異處　今我抱病
合面雖簡　雙情交映
契著累世　休訝異姓
願言念玆　相規以敬

其七首
人亦有言　交道難成
一言纔忤　釁隙已萌
百年齊歡　惟我與兄
聊贈斯詩　結以蘭馨

청효59)에 우거하며 즉사하다

나는 세상을 피하는 이 아닌데
어찌 남쪽 시냇가에 있는가?
단정히 지내며 참된 도를 기르고
서책을 때때로 다시 되새기노라.
울어 대는 매미, 산의 적막함을 깨뜨리고
녹수는 뜨락에 그늘 드리웠네.
베개 베고 북창으로 누웠자니60)

---

59) 청효(靑驍) : 지금의 경상북도 상주시 청리면을 말한다. 〈여지도서〉 상주목 고적에 "청리폐현(靑里廢縣)으로 이(里) 자는 이(理) 자로도 쓴다. 본래 신라의 음리화현(音里火縣)이다. 경덕왕 때 청효(靑驍)로 고치고 상주에 편입시켰다. 고려 때 지금 이름인 청리(靑里)로 고치고 상주에 소속시켰다. 관아의 남쪽 20리에 있다"고 나온다.
60) 북창으로 누웠자니 : 원문은 '와북창(臥北牕)'. 속세를 떠나 한가하게 지내는 사람을 말한다. 도잠이 전원생활을 즐기면서 "여름철 한가로이 북창 가에 잠들어 누웠다가 삽상한 바람이 불어와 잠을 깨고 나면 문득 태곳적의 사람인 것처럼 느껴지곤 한다(夏月虛閑, 高臥北窓之下, 淸風颯至, 自謂羲皇上人)"고 말한 데에서 유래한 것이다. 《진서(晉書)》 참조.

청량한 바람은 고금이 없구나.
인심은 참으로 갈래가 많나니[61]
들추지 않으면 아첨을 한다네.
한 손으로 미미해진 말씀을 건져서
나는 허물에서 달아나려 하네.
어지러이 선과 악이 섞였으니[62]
누가 다시 보랏빛, 푸른빛을 분별할까?
그래서 세상을 통분하는 자들
숲에 들어가 깊숙하지 않을까 걱정한다오.

---

61) 갈래가 많나니 : 원문은 '다기(多岐)'로, 다기망양(多岐亡羊)의 고사다. 전국 시대에 양자(楊子)의 이웃 사람이 양을 잃어버려서 사람들이 그 양을 쫓아갔으나 갈림길이 많아 끝내 찾지 못했다. 본연을 잃고 헤매거나 진리를 깨닫기 어려움을 비유하는 말로 쓴다.

62) 선과 악이 섞였으니 : 원문은 '훈유(薰蕕)'로, 훈(薰)은 향내 나는 풀씨이며, 유(蕕)는 악취가 나는 풀이다. 선과 악, 군자와 소인을 비유해 쓴 말이다. 《좌전(左傳)》에 "이 두 가지 풀을 한 그릇에 저장해 두면, 10년이 지나면 향내는 없어지고 악취만 남게 된다"라 했는데 군자와 소인이 함께 있으면, 군자는 쫓겨나기 쉽고, 소인은 제거하기 어렵다는 뜻이다.

青驍寓居卽事

吾非避世人　胡爲南澗潯
端居養道眞　簡編時復尋
鳴蟬破岑寂　綠樹敷庭陰
一枕臥北牕　清風無古今
人心苦多岐　非訐則爲媚
隻手抹靡迹　我欲逃其累
紛然雜薰蕕　誰復辨紫翠
所以憤世者　入林恐不邃

죽헌에서 그윽한 흥을 읊어 별제 족조63)에게 드리다

들 너머 고즈넉이 마을은 멀고
오두막집 가까이 물이 열렸네.
시내의 물고기, 맑아서 셀 수 있고
정원의 대나무, 푸르러 심을 만하지.
그윽한 흥취는 공과 응당 맞으며
외람되이 모신 것이 내 몇 번인가?
우연히 짧은 구절 지어서
편지 올리며 푸른 이끼 쓸어 내네.

詠竹軒幽興 呈別提族祖 憲世
野外孤村逈　衡門傍水開
溪魚淸可數　園竹碧堪栽
幽趣公應愜　叨陪我幾回
偶然裁短句　報與掃蒼苔

---

63) 족조(族祖) : 방계(傍系)인 무복지조(無服之祖 : 상복을 입지 않는 먼 대의 할아버지)를 말한다.

객사에서 무료해 회포를 적어 보다

제1수

정호[64]에서 검만 남기니 아픔이 끝이 없는데
천지는 무정하게 해와 달만 옮겨 가네.
장례[65]는 이미 엄숙하고 신선의 길은 멀며
인의 교화 무젖기는 다시 어느 때런가?

제2수

노래자의 옷[66]은 날마다 홀어머니 위로하며

---

64) 정호(鼎湖) : 임금이 승하한 것을 이른다. 옛날에 황제(黃帝)가 형산(荊山)의 정호에서 솥[鼎]을 주조했는데, 솥이 완성되자 하늘에서 용이 내려와 황제를 맞이하니, 황제는 신하와 후궁 70여 명과 함께 용을 타고 하늘로 올라갔다 한다. 《사기(史記)》 참조. 정도응은 1649년 인조, 1659년 효종의 승하를 겪었는데 여기에서는 인조가 승하한 시기로 추정된다. 이 작품은 문집에서 앞쪽에 편차되어 있으며 연보의 행력을 볼 때 1659년 이전에 지은 작품임을 알 수 있다.
65) 장례 : 원문은 '흠위(廞衛)'로, 임금이나 왕후의 장례 때 행렬에 쓰던 기구를 말하는데, 바로 장례를 가리키는 말이다.
66) 노래자의 옷 : 원문은 '내의(萊衣)'로, 초나라의 효자인 노래자의 옷

기쁘고 즐겁게[67] 담소 나누니 온 방이 봄이네.
이별한 삼 년 동안[68] 혼정신성(昏定晨省)[69] 어겼으니
돌아갈 길 도모함이 어찌 풍진이 싫어서이랴?

旅次無聊寫所懷

其一首
鼎湖遺劍痛靡涯　天地無情日月移
廞衛已嚴仙路遠　獲沾仁化更何時

其二首
萊衣日日慰孤親　談笑怡愉一室春
別後三秋違定省　謀歸豈是厭風塵

이라는 뜻이다. 노래자는 나이 일흔에도 색동옷을 입고 부모 앞에서 장난을 치면서 부모를 즐겁게 했다고 한다. 《소학(小學)》 참조.
67) 기쁘고 즐겁게 : 원문은 '이유(怡愉)'. 기쁘고 즐거운 기색으로 부모를 모시는 것이다.
68) 삼 년 동안 : 원문은 '삼추(三秋)'로, 가을의 석 달이나 음력 9월, 또는 세 해의 가을을 뜻하는데 여기에서는 3년의 세월을 말한다.
69) 혼정신성(昏定晨省) : 정성으로 부모를 섬기는 도리. 주 15 참조.

서당을 새로 짓고 기뻐서 죽헌의 시에 차운하다

기쁘게도 장수(藏修)[70]하러 터를 얻었는데
다행히도 집을 엮기 오늘부터라네.
집을 두른 구름 숲 고요하고
섬돌 따라 바위 계곡은 깊네.
모름지기 이륜(彝倫)[71]에 도를 다할 것이요
의당 경사에 잠심(潛心)해야 하리라.
우리 사람들을 부지런히 가르치면

---

70) 장수(藏修) : 장수유식(藏修游息)의 준말로 언제나 학문에 마음을 두고 열심히 공부하는 것을 가리키는 말이다. 《예기》〈학기(學記)〉에서 "군자는 학문할 적에 장(藏)하고 수(修)하고 유(游)하고 식(息)한다(君子之於學也, 藏焉, 修焉, 息焉, 遊焉)" 했는데, 그 주소(注疏)에서 "'장(藏)'이란 마음에 항시 학업을 생각함이요, '수(修)'란 수습(修習)을 폐하지 않음이요, '유(遊)'란 일 없이 한가하게 노닐 때에도 마음이 학문에 있음이요, '식(息)'이란 일을 하다 쉴 때에도 마음이 학문에 있음을 이른 것이니, 군자가 학문을 함에 잠시도 변함이 없음을 말한다(藏, 謂心常懷抱學業也. 修, 謂修習不能廢也. 游, 謂閒暇無事游行之時亦在於學. 息, 謂作事倦息之時而亦存於學也, 言君子於學無時暫替也)"라 했다.

71) 이륜(彝倫) : 인륜, 즉 사람으로서 떳떳이 지켜야 할 도리다.

반드시 위의(威儀) 갖춘72) 선비들을 보리로다.

書堂新成喜 次竹軒韻

藏修欣得地　結構幸從今
繞屋雲林靜　循除石澗深
彛倫須盡道　經史合潛心
吾黨勤提誨　要看濟濟衿

---

72) 위의 갖춘 : 원문은 '제제(濟濟)'로, 위의(威儀)가 성대한 모양을 말한다.

가을날 비 내리는데

해 저무는데 궁벽한 마을에 의지한 채
깊은 병으로 홀로 탄식하네.
국화73)는 비 지나니 적어지고
낙엽은 닫은 문에 수북하네.
세상일은 정녕 이해하기 어렵나니
덧없는 인생은 마침내 끝이 있으리라.74)
변방의 티끌75)은 두극(斗極)76)에 이었으니

---

73) 국화 : 원문은 '한화(寒花)'. 추운 계절에 피는 꽃으로, 국화를 가리킨다.
74) 끝이 있으리라 : 원문은 '유애(有涯)'로, 유한한 인간의 삶을 비유한 말이다. 《장자》〈양생주(養生主)〉에, "우리의 생명은 끝이 있으나 지식은 끝이 없는 것이니, 끝이 있는 것으로 끝이 없는 것을 따르자면 위태로울 뿐이다(吾生也有涯, 而知也無涯, 以有涯隨無涯, 殆已)"라고 한 데서 온 말이다.
75) 변방의 티끌 : 원문은 '변진(邊塵)'. 외적이 국경을 침범함으로 인해 일어나는 전진(戰塵)을 약칭 변진이라고 한다.
76) 두극(斗極) : 북두성과 북극성을 말하는데 여기에서는 임금을 뜻한다. 《진서》〈천문지(天文志)〉에 "'북두성은 군주의 상으로, 호령하는 인주다(斗爲人君之象, 號令人主也)'라 했고, 또 '북극은 북신 중에 가

머리 돌려 한바탕 슬프게 노래하노라.

秋日雨中

歲暮依窮巷　沉病獨自嗟
寒花經雨少　落葉閉門多
世事應難了　浮生會有涯
邊塵連斗極　回首一悲歌

장 높은 것이며 그 유성은 하늘의 지도리다(北極, 北辰最尊者也, 其紐星, 天之樞也)'라 했다. 후에 '두극'을 천황 혹은 제왕을 비유했다(後因以斗極喩指天皇或帝王)"라고 했다.

매호77)를 추억하며 구점하다78)

근심과 병의 덤불 속에서 아직 울을 벗어나지 못해
해마다 닭 잡고 기장밥 짓자는79) 좋은 기약 저버렸네.

---

77) 매호(梅湖) : 경상북도 상주시 사벌면 매호리. 1914년 매하리(梅下里)와 매상리(梅上里)를 합해 매호리(梅湖里)라 해서 사벌면에 편입했다.
78) 구점하다 : 원문은 '구점(口占)'. 시(詩)를 원고에 쓰지 않고 즉석에서 지어 읊는 것을 말한다.
79) 닭 잡고 기장밥 짓자는 : 원문은 '계서(鷄黍)'로, 닭고기와 기장밥이다. 닭 잡고 기장밥 지어 대접하겠다던 약속을 말하는데, 친구 사이에 우의가 깊어 만나기로 한 약속을 지키는 전고로 쓰인다. 한나라 범식(范式)은 자가 거경(巨卿)으로 산양(山陽) 금현(金縣) 사람이고, 장소(張劭)는 자가 원백(元伯)으로 여남(汝南) 사람인데, 둘은 평소 태학(太學)에서 함께 공부하면서 우정이 매우 두터웠다. 두 사람이 이별할 때 범식이 장소에게 "2년 뒤 돌아올 때 그대의 집에 들르겠다"라고 했다. 꼭 2년째가 되는 날인 9월 15일에 장소가 닭을 잡고 기장밥을 짓고 범식을 기다리자 그 부모가 웃으며, "산양은 여기서 1000리나 멀리 떨어진 곳인데, 그가 어찌 기필코 올 수 있겠느냐?"라고 했다. 이에 장소가 "범식은 신의 있는 선비이니, 약속 기한을 어기지 않을 것입니다"라고 했는데, 그 말이 채 끝나기도 전에 범식이 당도했다 한다. 《후한서(後漢書)》 참조.

밤이 오니 동호의 승경 곱절로 그리워져
꿈에 나는 갈매기 쫓아 낚시터에 앉네.

憶梅湖口占

憂病叢中未脫圍　年年鷄黍負佳期
夜來倍憶東湖勝　夢逐飛鷗下釣磯

구일80)에 홀로 앉아서

술 있고 꽃 있는 중구일을 만났는데
야옹은 무슨 일로 소연히 앉았는가?
지난해는 행역을 치르고 금년에는 병이라
단풍이며 국화가 눈에 가득한 날을 오랫동안 저버렸네.

九日獨坐

有酒有花逢九日　野翁何事坐蕭然
去年行役今年病　長負楓花滿眼天

---

80) 구일 : 음력 9월 9일로 중양절(重陽節)을 말한다.

중이[81])에게 쓴 편지

동락은 빼어난 경치가 많은데
매호[82])가 가장 외지고 그윽하네.
나는 관령[83])을 분부받았지만
자네는 풍류와 같이하는구먼.
어이해 신세일랑 덧붙이는 것이 아니랴
성명(聲名)은 모두 덧없는 것이라네.
모름지기 은거의 기약을 얼른 실천해
물새와 마주하며 지내려네.

簡仲彝

東洛多形勝　梅湖最僻幽
擬分吾管領　携與子風流
身世寧非寄　聲名摠是浮
幽期須早踐　相對有沙鷗

---

81) 중이 : 강중이(姜仲彝)를 말하는데 생애와 행력은 자세하지 않다.
82) 매호 : 경상북도 상주시 사벌면 매호리. 주 77 참조.
83) 관령(管領) : 관할 구역을 통령(統領)하는 사람을 말한다.

인일[84]에 윤필숙에게 부치다

제1수

  인일에 시를 지어 초당[85]으로 부치니[86]
  당시에 두 공부[87]는 다른 곳의 객이었네.
  우리 함께 전원의 즐거움을 지키고자
  기꺼이 매화 마주하니 외람되이 애간장 끊어지네.[88]

---

84) 인일(人日) : 음력 1월 7일을 말한다. 이날은 가절(佳節)이라 해서, 옛 풍속에 일곱 가지 나물을 넣고 끓인 국을 먹고, 채색 천 또는 금박(金箔)으로 사람의 모양을 만들어 병풍에 붙이거나 머리에 꽂으며, 높은 곳에 올라가 술을 마시고, 잠을 자지 않고 밤을 지새웠다.《형초세시기(荊楚歲時記)》참조.
85) 초당(草堂) : 성도(成都)에 있던 두보(杜甫)의 초당을 가리킨다.
86) 인일에 시를 지어 부치니 : 두보가 일찍이 성도의 초당에 우거할 때, 그의 친구인 시인 고적(高適)이 인일에 그에게 보낸〈인일기두이습유(人日寄杜二拾遺)〉시에 "인일에 시를 써서 초당에 부쳐, 고향 그리워하는 친구를 멀리서 가련해하노라(人日題詩寄草堂, 遙憐故人思故鄕)"라고 한 데서 온 말이다.
87) 두 공부 : 원문은 '공부(工部)'. 공부(工部)는 관명인데. 두보가 검교공부원외랑(檢校工部員外郞)을 지내 두 공부라 불렸으므로 여기에서는 두보를 말한다.

제2수

귀산[89]과 반포[90], 조용히 지내는 곳은 둘이러니
둘 중간에는 하나의 작은 시내만 사이하네.
매화가 다 지도록 서로 보지 못하니
시혼(詩魂)이 날다 갑장산[91] 서쪽에서 끊어지네.

人日寄尹弼叔

其一首

人日題詩寄草堂 當時工部客殊方

---

88) 애간장 끊어지네 : 원문은 '단장(斷腸)'. 몹시 슬퍼하고 상심함을 비유한 말이다. 옛날에 환공(桓公)이 촉(蜀)에 들어가 삼협(三峽)에 이르렀을 때 한 부오(部伍)에서 원숭이 새끼를 잡아 온 자가 있었는데, 그 원숭이의 어미가 절벽에 올라가 그 병선(兵船)을 바라보고 슬피 부르짖으며 울다가 마침내 그 배로 뛰어들어서는 곧 숨을 거두기에 그 어미의 배를 갈라 보니 창자가 마디마디 모두 끊어져 있었다는 고사가 있는데, 여기에서 차용한 말로 보인다. 《세설신어(世說新語)》 참조.
89) 귀산 : 군위 지역의 별호다.
90) 반포 : '반포산(半浦山)'을 말하는데 영해 도호부의 남쪽 7리에 있다.
91) 갑장산(甲長山) : 상주 남쪽 13리에 있는데 일명 연악(淵岳)이라 한다. 경상도 상주목(尙州牧) 상주(尙州)와 선산(善山)의 경계 지점에 있는 산이다. 《신증동국여지승람》 참조.

吾儕共保田園樂　肯對梅花枉斷腸

其二首
龜山牛浦兩幽棲　只隔中間一小溪
落盡梅花不相見　吟魂飛斷甲長西

덕산으로 가는 길에 충주 땅이다

서행하다가 우연히 덕산촌을 나서니
물외의 이름난 곳, 소란한 속세와 격절했구나
말 가는 대로 참됨을 찾을사, 흥은 다하지 않거니와
이 생은 가는 곳마다 모두 임금의 은혜라네

德山途中 忠州地

西行偶出德山村　物外名區隔俗喧
信馬尋眞興不盡　此生隨處摠君恩

그윽이 지내며

꽃과 대 있는 정원, 낮에도 문을 닫고
턱 고이고 편안히 앉아 서산을 바라보네.
산 구름도 유인의 마음을 아는지
폈다 말았다 무심할사, 자재롭게 한가로워라.

幽居

花竹園中晝掩關　支頤宴坐看西山
山雲亦解幽人意　舒卷無心自在閒

용흥사에서 구점하다 자의의 부름을 받았을 때다[92]

속세 밖의 용흥사에
초연한 율리 늙은이
책 읽고자 굳게 문을 닫고
달 맞으려 홀로 난간에 기대네.
나무는 낙엽 져 산의 모습은 앙상하고
계곡은 차가운데 물그림자는 텅 비었네.
성글고 게을러 세상 지내기 어려우니
이 산중에 늙고 싶구나.

---

92) 자의의 부름을 받았을 때다 : '자의(諮議)'는 조선 후기 세자시강원의 관직이다. 참하관(參下官, 정7품)으로 정원은 1인이다. 행장에 따르면 정도응은 효종이 즉위한(1649) 후 세자시강원 자의에 임명되었으나 사직하고 율리로 돌아왔다. 효종 8년(1657) 다시 자의에 임명되었으나, 왕에게 상소해 사직할 것을 청해 허락받았다. 이듬해에도 왕의 부름을 받고 자의를 지냈으나 1년 만에 다시 향리로 돌아왔다. 이 작품은 문집의 편차로 볼 때 1657년의 일로 추측한다.

龍寺口占 諮議被召時

物外龍興寺　超然栗里翁
看書深閉戶　邀月獨凭檻
木落山容瘦　溪寒水影空
踈慵難涉世　願老此山中

소로 실정을 아뢰어 실지로 은혜를 입었다. 체직되어 돌아오다 강가에 도착해 감사하며 지었다

    강 머리에 말을 세우고 종남산[93]을 바라보니
    개미와 땅강아지[94]의 작은 정성에도 임금께서 보살피셨네.
    손 모아 밝은 시절, 화 땅의 축원[95]을 생각해
    오래도록 덕 새롭고 더욱 대군 많으시길.

---

93) 종남산(終南山) : 원래 주(周)나라 도성인 호경(鎬京)의 남쪽에 있는 산인데, 후세에는 모든 도성의 남산을 종남산이라 칭한다. 여기서는 서울 남산의 별칭으로 사용했는데 임금이 계시는 한양을 말한다.
94) 개미와 땅강아지 : 원문은 '의루(蟻螻)'. 개미와 땅강아지라는 뜻으로, 보잘것없는 것을 이르는 말이다
95) 화 땅의 축원 : 원문은 '화축(華祝)'. 화봉 삼축(華封三祝), 화봉인(華封人)의 삼축(三祝)을 줄인 말로, 천자의 덕을 송축하는 정성을 말한다. 요(堯)임금이 화산(華山)을 순행할 때 화봉인(華封人)들이 임금의 덕(德)을 찬양해 "성인(聖人)은 수(壽)하시고, 부(富)하시고, 다남(多男)하소서"라고 세 가지로 축복했다는 고사(故事)에서 나왔다.

疏陳情 實獲蒙恩. 遞歸到江上 感戴有作

江頭立馬望終南 蟻螻微忱帝降監
攢手明時惟華祝 遠年新德又多男

돌아와 호수에 살 곳을 찾고는 율시 한 수를 읊다

그윽이 지내려고 점쳐서 낙강 서쪽 굽이를 정했나니
세밑의 마음은 절우단[96]을 기약하네.
기갈은 하늘에 맡기니 마음 쓰는 일이 줄어들고
강호가 대지에 가득하니 이 몸 둘 곳도 넉넉하다.
성글고 게으른데 어찌 무거운 이름을 구하리오?
물러나 쉬는 일 모두 난세를 살아가려 함일세.
영욕은 평생토록 잊은 지 오래이니
두어라, 분수 따라 낚싯대를 잡으리라.

歸尋湖居 吟成一律

幽居占斷洛西灣 歲晏心期節友壇
飢渴任天經意少 江湖滿地着身寬
疎慵豈合求名重 休退都緣涉世難

---

96) 절우단(節友壇) : 소나무 · 대나무 · 매화 · 국화를 심은 단을 말하는데 절개를 함께하는 벗이라는 뜻으로 이황이 만년에 도산 서당 동쪽 좁은 공간에 단을 쌓아 소나무 · 대나무 · 매화 · 국화를 심었다고 한다.

榮辱平生忘已久　不妨隨分把漁竿

하얀 무지개가 해를 뚫고[97] 3월에 눈이 내려서

북궐의 명철한 임금 근심으로
동강의 병든 신하는 겁이 나네.
음한 무지개[98]는 황도[99]를 끊고
얼어붙은 눈이 파릇한 봄에 뿌려지네.
세상일로 놀란 마음은 끝이 없고
하늘의 재앙은 보이는 것마다 낯설어라.

---

97) 하얀 무지개가 해를 뚫고 : 원문은 '백홍관일(白虹貫日)'. 해의 좌우에 흰 운기(雲氣)가 길게 뻗어 흰 무지개가 해를 꿴 듯이 보이는 현상으로 옛날에는 백홍을 모든 재앙의 근원으로 여겼다. 진(秦)나라 초기에 형가(荊軻)가 연(燕)나라 태자 단(丹)을 위해 진시황(秦始皇)을 암살하러 떠나기에 앞서, 하늘이 그의 정성에 감응해 흰 무지개가 해를 꿰뚫는 현상이 나타났다는 전설이 있는데, 여기서는 이 전설을 근거로 해서 이렇게 말한 듯하다. 《사기(史記)》〈추양열전(鄒陽列傳)〉에 "옛날 형가가 연나라 태자 단의 의기를 사모하니, 흰 무지개가 해를 꿰뚫는 현상이 나타났다(昔者荊軻慕燕丹之義, 白虹貫日)"라고 했다.
98) 음한 무지개 : 원문은 '음홍(陰虹)'. 흰 무지개로, 간사하고 아첨하는 신하를 비유하는 말로 쓰인다.
99) 황도(黃道) : 지구에서 보이는 하늘에서 해가 한 해 동안 지나는 길이다. 전해서 군왕 또는 군왕의 어가(御駕)가 다니는 길을 비유한다.

암랑[100]은 대신[101]들과 함께하는데
누가 다시 널리 진술할 사람 있으랴?

白虹貫日 三月下雪

北闕憂明主 東江怯病臣
陰虹截黃道 凍雪灑靑春
時事驚心極 天灾觸目新
巖廊與臺閣 誰復罄敷陳

---

100) 암랑(巖廊) : 높고 큰 낭무(廊廡)로, 조정(朝廷)을 가리킨다.
101) 대신 : 원문은 '대각(臺閣)'. 사헌부와 사간원을 함께 이르는 말로 중앙 정부의 기구나 대신을 뜻한다.

못가에 반송 한 그루가 있는데 푸르고 울창함이 사랑스럽다. 뿌리를 북돋우고 단을 만든 뒤 시를 지어 기록하다

나무 하나 둥글둥글 오랜 연못가에 있는데
넓게 퍼진 가지 빽빽한 잎, 풍상을 겪었구나.
은근히 저를 위해 가꾸고 북돋느라 힘을 다했으니
다른 해에 동량이 될 것을 보려 함이로세.

池上有一盤松 蒼鬱可愛. 培根設壇 詩以識之
一樹團團古澤傍　蟠枝密葉閱風霜
殷勤爲盡栽培力　要見他年作棟梁

남고[102] 시에 차운하다

긴 여름 산촌에는 흥취가 더욱 짙어 가고
눈앞 풍경이 동으로 서로 펼쳐 있네.
안개 낀 수풀은 어슴푸레[103] 평야를 감추고
호수 물굽이로 여러 봉우리를 둘렀네.
읊조리고 나서 발을 올리니 남포에 비 내리고
잠결에 베개 높이니 북창에 바람 부네.
구원[104]에선 자연스레 몸이 한적해 다행이거니

---

102) 남고 : 박응형(朴應衡, 1605~1658). 본관은 고령(高靈), 호는 남고(南皐). 아버지는 매헌(梅軒) 박창선(朴昌先)이다. 평생 학문에만 정진했을 뿐 과거에는 뜻을 두지 않았다. 1637년(인조 15) 음력 1월 30일 인조가 남한산성에서 나와 청 태종 홍타이지에게 항복하고 그에게 삼배구고두례(三拜九叩頭禮)를 했는데, 이 소식을 듣고 응형은 산속에 들어가 대성통곡했다. 당시의 충분강개(忠憤慷慨)의 뜻을 시에 담아 남겼는데, 유고로 《남고집(南皐集)》 3권이 있다.
103) 어슴푸레 : 원문은 '은약(隱約)'으로, 어슴푸레해 분명하지 않은 모양을 이른다.
104) 구원(丘園) : 언덕과 동산으로 은거하는 자가 머무는 곳을 말한다. 《주역》〈분괘(賁卦)〉에 "구원을 꾸민다(賁于丘園)"라고 했는데, 순상(荀爽)의 주에 "간(艮)은 산이고 진(震)은 숲이다. 바른 자리를 잃고

어이 굳이 늘그막에 병든 몰골 부끄러워하리오?

次南皐韻

長夏山村興轉濃　眼前光景遍西東
烟林隱約藏平野　湖水彎環匝數峯
吟罷捲簾南浦雨　睡餘高枕北牕風
丘園自幸身閒適　遲暮何須愧病容

산림에 있으면서 언덕배기를 일구어 채마밭을 만드니, 은사(隱土)의 형상이다"라고 했다.

남산에 올라 멀리 바라보며

낮 꿈 막 깨어 대나무 빗장을 열고
그리고 아이들 데리고 남산[105]을 오르네.
하얀 모래밭을 두른 맑은 강은 트여 있고
흥취는 강물 위를 일렁이는 갈매기 사이에 있다네.

登南山眺望

午夢初回啓竹關　又携童子陟南山
白沙映帶淸江闊　興在波鷗浩蕩間

---

105) 남산 : 주 36 참조.

매호의 옛 누대 묵은 때를 벗기고 닦으며

무성한 대와 늙은 나무가 황량한 누대를 감싸고
호수 너머 구름 낀 산이 눈길 닿는 곳마다 열렸구나.
뉘 알리오, 그때 한창 성대했던 터에
시골 늙은이가 다시 술 호리병 차고 올 줄을?

剔掃梅湖舊臺

藂篁老樹擁荒臺　湖外雲山面面開
誰識當年全盛地　野翁時復佩壺來

묵곡의 호옹과 남고가 선조의 문집을 교감하기 위해 매악 서당106)에 모여 열흘 동안 머물렀다. 남고의 짧은 시107)에 화운하다

여라 얽힌 수풀이 골짝 양편을 끼었나니
서실은 더욱 맑고 그윽해라.
산에는 천 겹 봉우리 펼쳐 있고
시내엔 한 조각 가을이 담겨 있네.
바위틈으로 흐르는 물을 같이 지팡이에 의지했고
바람 부는 평상에서 홀로 머리 빗었네.
글로 벗이 되어 만나는 일 모여 참으로 즐길 만하거니
푹 한 달 머무르길 꺼리지 마소.

---

106) 매악 서당(梅嶽書堂) : 경상북도 상주시 사벌면에 있었던 서당으로 지강 서원(芝岡書院)의 모체다.
107) 짧은 시 : 원문은 '단율(短律)'로, 5언 율시 또는 7언 율시를 이른다.

默谷湖翁及南皐, 爲校先祖集 會梅嶽書堂, 留旬日 和南皐短律

　　林蘿夾兩峽　書室益淸幽
　　嶽展千重嶂　溪涵一片秋
　　石淙同倚杖　風榻獨梳頭
　　文會眞堪樂　休嫌浹月留

황의령108)의 불환정에서 홍백원109)의 시에 차운하다

인끈 던지고 돌아오니 도연명110)을 사모해서요
계정에 휘파람 퍼지니 동고111)보다 낫구나.
가을이라 화악산을 찾을사 구름길을 나막신 한 켤레로 나서고
밤이면 사담에 배를 띄울사, 달빛 아래 상앗대 하나 젓는다네.

---

108) 황의령(黃宜寧) : 황덕유(黃德柔, 1596~1659)다. 본관은 장수(長水), 자는 응곤(應坤)이며, 반간(槃澗) 황뉴(黃紐)의 아들이다. 무재(茂才)로 천거되어 의령현령(宜寧縣令)과 면천군수(沔川郡守) 등을 지냈다. 불환정(不換亭)은 황덕유가 지은 정자다.
109) 홍백원(洪伯源) : 홍여하. 주 39 참조.
110) 도연명 : 도잠(陶潛, 365~427)을 가리킨다. 호는 오류선생(五柳先生)이고 연명은 자다. 이 구절은 도잠이 팽택령으로 부임한 지 겨우 80여 일 만에 그만두고 귀거래사(歸去來辭)를 지어 자신의 뜻을 피력하고 즉시 고향으로 돌아가 버린 데서 온 말을 비유한 것이다.
111) 동고(東皐) : 은거해 유유자적하게 지내는 것을 말한다. 도잠(陶潛)의 〈귀거래사(歸去來辭)〉에 "동쪽 언덕에 올라 휘파람을 불고, 맑은 물가에 임해 시를 짓노라(登東皐以舒嘯, 臨淸流而賦詩)"라고 했다.

되는대로 발길은 유한해 속진의 때가 사라지고
깃들이려는 마음은 담박해져 선인112)들과 짝지 된다네.
낚시터에서 지은 작품은 참으로 뛰어나니
공은 이제 천년토록 고상한 의취에 속하게 되리라.

黃宜寧不換亭 次洪伯源韻

投紱歸來爲慕陶　溪亭舒嘯勝東皐
秋尋華嶽雲雙屐　夜泛沙潭月一篙
放跡幽閒除俗累　棲心澹泊伴仙曹
釣臺題品眞超絶　千載公今屬意高

---

112) 선인 : 원문은 '선조(仙曹)'로, 신선의 반열을 말한 것이다.

성주 입암[113]을 노닐며

제1수
　바윗돌을 깎으니 천심(千尋)의 옥 덩이요
　계곡이 비치니 한 베틀에 걸린 비단이어라.
　이 유람은 참으로 세상 밖이러니
　가을 달빛이 마음을 훤하게 비추네.

제2수
　입암에서 승경을 두루 감상하고
　쌍계에서 선에 고요히 드네.
　백년 세월 오늘의 흥취를
　세상 사람들에게 전하지 말라.

제3수
　입암은 높이 우뚝 솟았고

---

113) 입암 : 성주군 금수면 영천동에 있는 것으로 한강(寒岡) 정구(鄭逑)의 무흘구곡(武屹九曲) 중 제4곡이다.

쌍계는 차디차게 흐르네.
옛 현인의 자취가 남아 있어
산처럼 우러를사, 그 마음 그치지 않도다.

제4수

돌에 낀 푸른 이끼를 발라내고
맑은 계곡물로 씻어 내리네.
먹을 갈아 성명을 남기노니
천고토록 함께한 유람 기억하리.

제5수

평생 동안 꿈꾸고 상상한 곳
오늘에야 우연히 동행했다네.
둘러앉아 속마음을 나누니
초연히 세속의 마음이 아니구나.

遊星州立巖

其一首
巖削千尋玉　溪涵一機紈
玆遊眞物外　秋月洞心肝

其二首
賞遍立巖勝　靜參雙溪禪
百年今日趣　休向世人傳

其三首
立巖高屹屹　雙溪流凌凌
昔賢有遺躅　山仰心不歇

其四首
剔破蒼苔石　洗以清溪流
剜墨留名姓　千古記同遊

其五首
平生夢想地　今日偶同行
鼎坐論襟穩　超然非世情

동호에 터를 잡고

매호정 북쪽 어풍대[114]의 남쪽
작은 기슭의 동쪽에서 나직이 석담을 굽어보네.
천 겹의 구름 낀 산봉우리는 눈썹먹처럼 짙고
십 리의 안개 낀 물결은 쪽빛처럼 푸르네.
좋이 동곡 선생 사우와 이웃이 되었거니와
더구나 상음처사의 암자와 인연을 맺었음에랴.
혹시 백년토록 이 계획 이룰 수 있다면
구로와의 깊은 맹세[115] 아직은 부끄럽지 않으리라.

---

114) 어풍대 : 상주군 외서면 우산리에 있는 우산(愚山) 20경 일대를 말한다. 우산 20경은 우복 정경세가 정해 명명한 것인데, 계정(溪亭)과 대산루(對山樓), 도존당(道存堂), 회원대(懷遠臺), 오봉당(五峰塘), 오로대(五老臺), 상봉대(翔鳳臺), 우화암(羽化巖), 어풍대(御風臺), 만송주(萬松洲), 오주석(鰲柱石), 산영담(山影潭), 수륜석(垂綸石), 선암(船巖), 화서(花漵), 운금석(雲錦石), 청산촌(靑山村), 쌍벽단(雙壁壇), 화도암(畵圖巖), 공선봉(拱仙峰) 등이다.
115) 구로와의 깊은 맹세 : 원문은 '맹구로(盟鷗鷺)'로, 흰 갈매기와 벗하며 자연에 은거함을 말한다. 송나라 황경(黃庚)의 〈물가에 은거하는 주중명을 위해 읊다(漁隱爲周仲明賦)〉에 "한 대삿갓으로 봄비 맞으며,

卜地東湖

梅湖亭北御風南　小麓東低俯石潭
雲岫千重濃似黛　烟波十里綠如藍
好隣桐谷先生社　堪結商陰處士庵
倘得百年成此計　盟深鷗鷺未應慚

조각배에 이 정(情)을 부치네, 세상의 티끌 그물 조밀하지만, 강가의 낚싯줄은 가볍다네. 물고기의 이득을 바라지 않고, 오직 갈매기 해오라기와의 맹서를 찾네. 광노대(狂奴臺) 아래의 물은, 오히려 한나라 시절처럼 맑네(一笠戴春雨, 扁舟寄此情. 世間塵網密, 江上釣絲輕. 不羨魚蝦利, 惟尋鷗鷺盟. 狂奴臺下水, 猶作漢時淸)"라고 했다.

뜻은 있으나 재물이 없어서

오호116)의 뜻을 두어서 기뻐하나
삼경117)의 바탕이 없어 고달파라.
세상에 왕 사마118) 같은 이 드무니
누가 두 습유119)를 가련하다 하랴?

---

116) 오호(五湖) : 강호에 은둔하려는 뜻이다. 춘추 시대 범여(范蠡)가 오(吳)나라를 멸망시키고 월(越)나라로 돌아오던 길에 오호에 이르러 월왕(越王) 구천(句踐)과 작별하고 배를 타고 떠나 종적을 감춘 사실을 말한다.
117) 삼경(三逕) : 세 오솔길이란 뜻으로 은자가 사는 집을 말한다. 도잠(陶潛)의 〈귀거래사(歸去來辭)〉에 "세 오솔길은 묵었으나, 소나무와 국화는 아직 남아 있도다(三逕就荒, 松菊猶存)"라고 했다. 《도연명집(陶淵明集)》 참조.
118) 왕 사마 : 왕건(王建, 767~831). 당나라 때 사람으로 자는 중초(仲初)다. 문종(文宗) 대화(大和) 연간에 섬주사마(陝州司馬)로 나가 왕 사마(王司馬)라고 불렸다. 악부시(樂府詩)에 능해 장적(張籍)과 이름을 나란히 해서 '장왕악부(張王樂府)'라 불렸다. 하층 민중의 생활상을 시로 노래했으며 특히 궁사(宮詞) 100수가 있어 널리 회자되었다. 문집에 《왕사마집(王司馬集)》이 있다.
119) 두 습유(杜拾遺) : 당나라 현종 때 우습유(右拾遺)를 지낸 두보(杜

머뭇머뭇 산은 가다 끊어지고
그냥저냥 물은 흘러도 더디구나.
책상의 책은 모두 팔고 싶어도
되레 숙애(叔艾)의 어리석음[120]은 싫다네.

有志無資

五湖**忻**有志　三逕苦無資
世乏王司馬　誰憐杜拾遺
依依山去斷　故故水流遲
欲賣床書遍　還嫌叔艾癡

甫)를 가리킨다.
120) 숙애(叔艾)의 어리석음 : '숙애(叔艾)'는 '숙애(淑艾)'와 같다. 군자가 사람을 가르치는 방법 중 하나로 홀로 자신의 몸을 선(善)으로 다스리게 하는 것을 말한다. 이 구절은 정도응이 군자가 가야 하는 길을 고민하지만, 숙애같이 혼자서 자신을 다스리는 부분은 자칫 어리석음에 이를 수 있음을 경계한 것이다. '숙애(淑艾)'는 《맹자》〈진심 상(盡心上)〉에 보인다. 내용은 "군자가 교육을 하는 방법에는 다섯 가지가 있다. 즉, 때를 맞추어 내리는 비가 초목을 적셔 자라게 하는 것같이 하는 방법(時雨化之者), 스스로 덕을 이룩하게 해 주는 방법(成德者), 자신의 재능을 통달하게 해 주는 방법(達材者), 의문을 풀어 주는 방법(答問者), [직접 배우지 않고 홀로 선으로 스스로 수양하게 해 주는 방법(私淑艾者)이 그것이다"라고 했다.

동명[121]에게 느낌이 있어 김 공 세렴의 호다

졸성(拙誠)을 기르는 동호의 궁벽한 곳
오두막은 참새들 노닐 만하구나.
은근한 천 리 밖의 소식이여
누가 연파 속으로 보내 주었던가?
고아한 풍모는 기산의 봉황을 보는 듯하고
빛나는 문장은 월라(越羅)[122]처럼 빛나네.
가까이에서 모시던[123] 저녁을 생각하면
눈물이 흘러 낙동강 물결을 더하누나.

---

121) 동명 : 김세렴(金世濂, 1593~1646)의 호다. 본관은 선산(善山)이고 자는 도원(道源), 시호는 문강(文康)이다. 1636년(인조 14)에 통신부사로 일본을 다녀왔다. 문장이 아름다웠으며 특히 시문에 능해 김유(金瑬)는 '진학사(眞學士)'로, 정경세(鄭經世)는 '당대 제일의 인물'로 칭송했다. 저서로는 《동명집(東溟集)》, 《해사록(海槎錄)》 등이 있다.
122) 월라(越羅) : 월(越) 지방에서 생산한 비단을 이르는데 특히 가볍고 부드럽고 섬세하기로 유명하다.
123) 가까이에서 모시던 : 원문은 '도배(叨陪)'. 높은 사람을 곁에서 모시거나 뒤쫓아 따르는 것을 말한다.

感東溟 金公世濂號

養拙東湖僻　衡門可雀羅
殷勤千里字　誰遣入烟波
雅範瞻岐鳳　詞華濯越羅
每思叨陪夕　淚灑洛添波

봉양의 시에 차운해 뜻을 말하다

잔잔한 물결 위로 어선 타고 포구 깊이 들어오니
하얀 해오라기 서로 이골이 난 듯 마음을 알아주네.
달 밝은 밤 돌아와 빈 당에 올라서
홀로 거문고로 산수곡[124]을 연주했네.

次鳳陽韻 言志

輕漾魚舟入浦深　白鷗相慣摠知心
歸來月白虛堂上　彈罷孤桐山水音

---

124) 산수곡 : 원문은 '산수음(山水音)'으로, 지음(知音)을 뜻하는 아양곡(峨洋曲)이다. 춘추 시대 백아(伯牙)가 타고 그의 벗 종자기(鍾子期)가 들었다는 금(琴)의 곡조다. 백아가 금을 타면서 고산(高山)에 뜻을 두자 종자기가 "높디높기가 마치 태산과 같도다(峨峨兮若泰山)"라 했고, 또 유수(流水)에 뜻을 두자 "넓고 넓기가 마치 강하와 같도다(洋洋兮若江河)"라고 했던 고사에서 유래했다.《열자》참조.

그윽이 지내며

거문고 덮고 되레 악보를 찾는데
술 단지가 비어 노래가 끊긴 지 오래라네.
담연히 일 하나 없어서
베개 높이 하고 남가일몽[125]을 꿈꾸네.

幽居

琴廢猶尋譜　樽空久斷歌
澹然無一事　高枕夢南柯

---

[125] 남가일몽(南柯一夢) : 인간 세상의 부귀공명이 덧없고 허망함을 표현하는 말이다. 당나라 때 순우분(淳于棼)이란 사람이 술에 취해 회화나무 아래에서 잠을 잤는데, 꿈속에 대괴안국(大槐安國)의 남가군(南柯郡)을 다스리면서 20년간이나 부귀영화를 누리다가 잠에서 깨어나 보니, 남가군은 바로 회화나무 남쪽 가지 아래에 있는 개미굴이었다는 고사에서 유래했다. 《남가기(南柯記)》참조.

늦은 아침 짓다

아득한 강 구름을 누워 바라보며
쓸쓸한 산비 소리 조용히 듣노라.
마을 연기에 외딴집 반쯤 띠를 두르고
들 물은 막 먼 다리를 가라앉혔네.

晩朝卽事

臥看江雲漠漠　靜聽山雨蕭蕭
村烟半帶孤屋　野水初浸遠橋

율리[126]의 고향 집으로 돌아오다

율리 전원의 옛 누대에 돌아오니
시든 연꽃, 마른 대, 그저 거친 둑뿐이어라.
달밤에 지팡이 짚고 솔밭 길로 들어가며
안개 낀 아침에 삽을 메고 국화밭 손질하네.
차츰 물소리가 베갯머리 가까이 다가오는 것 깨닫고
아울러 산빛이 주렴으로 나직이 들어오는 것 어여뻐라
이제는 어른[127]의 흔적은 찾을 길 없어
눈물이 찬 가랑비와 섞여 오계에 뿌려지네.

還栗里故居

栗里田園返舊樓　敗荷衰竹但荒堤
携筇月夕穿松逕　荷鍤烟朝理菊畦

---

126) 율리 : 경상북도 상주시 청리면 율리로 밤나무가 많아서 율리라고 했다.
127) 어른 : 원문은 '장구(杖屨)'. 지팡이와 신발로, 어른에 대한 경칭(敬稱)으로 쓰이는데, 사람을 직접 가리키지 않고 딸린 물건을 들어 존경하는 뜻을 표현한 것이다.

漸覺水聲來枕近　更憐山色入簾低
秪今杖屨無尋處　淚和寒霏灑五溪

봄날 그윽한 곳에서

제1수

맑게 갠 교외엔 꽃과 버들 동서로 지천이요
맑디맑은 봄 시냇물은 굽은 둑을 적셔 드네.
이곳에 함께 만날 이 없다 탄식치 말라
산새가 나를 보고 정을 듬뿍 담아 우네.

제2수

종일 병을 안고 날 다 가도록 한가로이 찾아오는 이 없고
때때로 시냇가로 난 창을 열어 튀어 오르는 물고기를 완상하네.
그곳에서 광풍제월[128]의 즐거움을 알려면
흉금에 가벼운 먼지조차 일으키지 말지라.

---

128) 광풍제월(光風霽月) : 청랑(淸朗)한 기상과 인품을 비유한다. 송나라 때 황정견(黃庭堅)의 《산곡집(山谷集)》〈염계시(濂溪詩)〉 병서(幷序)에 "용릉의 주무숙(주돈이)은 인품이 매우 높아서 흉중이 씻은 듯함이 마치 광풍제월과 같다(舂陵周茂叔, 人品甚高, 胸中灑落, 如光風霽月)"라고 한 말에서 유래한다.

春日幽居

其一首
晴郊花柳遍東西　澹澹春流浸曲堤
休歎此間無與晤　山禽向我盡情啼

其二首
抱痾終日閒無人　時拓溪牕玩躍鱗
欲識箇中光霽樂　莫教胸次惹輕塵

한가로이 지내며 우연히 읊다

지팡이 짚고 맑은 곡지(曲池)에서
걷다가 비 온 뒤의 산을 보노라.
대나무 그림자가 난간 너머로 찾아오고
이끼의 푸른빛이 섬돌 사이로 올라오네.
분수에 맡기니 가난조차 즐겁고
기심 잊으니[129] 일도 한가하네.
수레와 말[130]이 끊어졌다 꺼리지 말지니,

---

129) 기심 잊으니 : 원문의 '망기(忘機)'는 사사로운 이익을 위해 꾀하는 마음을 잊는다는 뜻이다. 《열자(列子)》〈황제(黃帝)〉에 "바닷가에 사는 어떤 사람이 갈매기를 몹시 좋아해 매일 아침 바닷가로 가서 갈매기와 놀았는데, 날아와서 노는 갈매기가 100마리도 넘었다. 그의 아버지가 '내가 들으니 갈매기들이 모두 너와 함께 논다고 하던데, 너는 그 갈매기를 잡아 와라. 나 역시 갈매기를 좋아한다' 했다. 다음 날 바닷가로 나가니 갈매기들이 날아다니기만 하고 아래로 내려오지 않았다(海上之人有好漚鳥者, 每旦之海上, 從漚鳥游, 漚鳥之至者百住而不止. 其父曰, 吾聞漚鳥皆從汝游, 汝取來. 吾玩之. 明日之海上, 漚鳥舞而不下也)"라고 했다. 전에는 갈매기를 어떻게 하겠다는 기심(機心)이 조금도 없었기 때문에 갈매기들도 무심하게 친해진 것이요, 뒤에는 '갈매기를 잡겠다'는 기심이 있기 때문에 갈매기가 피한 것이다.

뜨락의 나무도 낯빛을 편안하게 할 만하다오.

閒居偶吟

携杖清池曲　行看雨後山
竹陰來檻外　苔色上階間
任分貧猶樂　忘機事亦閒
休嫌輪鞅絶　庭樹足怡顔

---

130) 수레와 말 : 원문은 '윤앙(輪鞅)'. 수레바퀴와 굴레로 수레와 말을 가리키는데 여기에서는 세상 사람들의 자취를 말한다.

서대를 유람하고 함께 유람한 제군들에게 차운해 보여 주다

서대는 들판 사이로 우뚝 솟고 숲도 우거졌나니
손님과 함께 오르니 흥에 겨워 더욱 소요하노라.
더구나 녹금(綠琴)131)으로 타는 백설곡132)을 듣거니
하얀 뺨에 홍조가 퍼진다 꺼리진 말라.
풍류는 사영운이 나막신133) 한 켤레를 지녔던 것이요
심사는 안연134)이 표주박 하나를 즐거워하던 것이라네.

---

131) 녹금(綠琴) : 녹기금(綠綺琴)의 준말로, 보통 거문고의 대칭으로 쓰인다. 전설에 따르면, 한(漢)나라 사마상여(司馬相如)가 〈옥여의부(玉如意賦)〉를 짓자, 양왕(梁王)이 기뻐하며 녹기금을 선물로 주었다고 한다.
132) 백설곡(白雪曲) : 훌륭한 시가(詩歌)를 비유한 말이다. 옛날 초(楚)나라의 〈양춘(陽春)〉, 〈백설(白雪)〉이란 두 가곡은 곡조가 매우 고상해 창화(唱和)하는 사람이 아주 드물었다는 데서, 전해 아주 뛰어난 시가(詩歌)를 뜻한다.
133) 나막신 : 원문은 '쌍극(雙屐)'으로, 나막신을 신고 등산을 즐겼다는 말이다. 남조(南朝) 송(宋)나라의 시인 사영운(謝靈運)이 심산유곡(深山幽谷)을 샅샅이 탐색하는 것을 좋아했는데, 그럴 때면 꼭 나막신을 준비해 신고 다녔다고 한다. 《송서(宋書)》 참조.

나도 또한 그때 골짝 어귀에 은거했다면
오래도록 신세를 어부며 초부에 부쳤으리라.

遊西臺 次示同遊諸君
西臺野際鬱岩嶢　與客登臨興轉遙
堪聽綠琴調白雪　休嫌皓煩漲紅潮
風流謝老携雙屐　心事顔賢樂一瓢
我亦當時谷口隱　久將身世付漁樵

---

134) 안연 : 가난 속에서도 도를 즐기며 학문에 매진했던 안회(顔回)를 말한다. '연(淵)'은 그의 호다. 그는 공자의 제자로 누항에서 살면서 안빈낙도해 공자가 "한 대광주리의 밥과 한 표주박의 물을 먹으며 궁벽한 시골에서 사는 것을 다른 사람들은 견디지 못하는데 안회는 그 즐거움을 고치지 않는구나(一簞食, 一瓢飮, 在陋巷, 人不堪其憂, 回也不改其樂)"라고 칭찬했다. 《논어(論語)》 참조.

율리에서 봄날 우연히 읊다

좋은 날이라 정히 태평성세의 봄이어니
게다가 전원에 일이 없는 몸이라.
물 가득한 연못은 찰랑찰랑 맑으며
산을 가로지른 대숲 언덕은 겹겹이 푸르네.
달 아래 오동나무에서 여장(藜杖)[135]을 의지하고
바람 부는 버들나무에서 복건을 떨어뜨리네.
고요한 가운데 공부하기를 모름지기 스스로 즐거워해
때때로 마음을 완상하는 사람이 되는 것을 방해하지 말 것이라.

栗里 春日偶吟

芳辰正屬太平春　又是田園無事身
水滿蓮塘淸瀲灧　山橫竹塢碧嶙峋
梧桐月下凭藜杖　楊柳風邊岸幅巾
靜裏工夫雖自樂　不妨時作賞心人

---

135) 여장(藜杖) : 명아주의 줄기로 만든 지팡이다.

두류산 천왕봉에 올라

예전에 방장산을 듣고
오늘 비로소 더위잡아 올랐네.
일월은 아득한 홍몽(鴻濛)136) 너머에 있고
산하는 호호탕탕한 사이에 있네.
안개와 구름은 밝았다 사라지고
세상137)은 아스라이 저 끝이라네.
문득 가슴이 넓어짐을 깨달았나니
평생에 아주 큰 장관138)이라오.

---

136) 홍몽(鴻濛) : 우주가 형성되기 이전부터 있어 온 천지의 원기, 혹은 그와 같은 혼돈 상태를 가리키는 말인데, 인간의 본성을 회복해 외물에 구속되지 않는 이상적인 무애(無碍), 해탈(解脫)의 경지를 뜻하기도 한다.
137) 세상 : 원문은 '영환(瀛寰)'. 영해환우(瀛海寰宇)의 준말로, 온 세상을 이르는 말이다.
138) 큰 장관 : 원문은 '대관(大觀)'. 세상을 달관해 크고 넓게 전체를 내다보는 것을 말한다. 한(漢)나라 가의(賈誼)의 〈복조부(鵩鳥賦)〉에 "작은 지혜는 스스로 사사로이 처신해 상대는 천하게 보고 나 자신은 귀하게 여기지만, 통달한 사람은 대관해 누구에게든 불가할 게 없다네

登頭流山天王峯

昔聞方丈岳　今日始躋攀
日月鴻濛外　山河浩蕩間
烟雲互明滅　寰宇杳倪端
便覺胸衿盪　平生一大觀

(小智自私兮, 賤彼貴我. 達人大觀兮, 物無不可)"라고 했다. 여기서는 큰 장관이라는 정도의 뜻이다.

삼가 도정절139)의 귀전원 시의 운을 사용하다

제1수

임명장을 받드니140) 평소의 바람과 같이
은혜를 받들어 단성을 다스렸네.
백성을 보살핌141)에 마음으로 그저 노력했고
부지런히 힘쓴142) 지 장차 1년이 되려 하네.

---

139) 도정절(陶靖節) : 도잠(陶潛). 주 21 참조
140) 임명장을 받드니 : 원문은 '봉격(奉檄)'. 임관(任官)의 사령장을 받고 벼슬길에 나아가는 것으로, 어버이를 봉양하기 위해 벼슬하는 것을 말한다. 후한(後漢)의 모의(毛義)가 집이 가난하고 어머니가 연로했는데, 수령으로 삼는다는 격서가 오자 매우 기뻐하며 벼슬에 나아가니 사람들이 모두 천하게 여겼다. 그 후 어머니가 세상을 떠난 뒤 효렴(孝廉)으로 천거되었으나 나아가지 않자 비로소 사람들은 그가 벼슬길에 나아간 것이 어머니를 위해서였음을 알았다 한다. 《후한서(後漢書)》 참조.
141) 백성을 보살핌 : 원문은 '무자(撫字)'로, 백성을 어루만지고 보살핌을 이른다.
142) 부지런히 힘쓴 : 원문은 '민면(黽勉)'으로, 부지런히 정사에 힘썼다는 말이다. 《시경》〈시월지교(十月之交)〉에 "부지런히 힘써 일에 종사해 감히 수고로움을 말하지 못하노라(黽勉從事, 不敢告勞)"라고 했

마음과 일은 절로 엇갈렸으나
정취와 숭상은 참으로 천연143) 그대로라.
지체한들 끝내 무슨 도움이 되리오?
인끈 풀고 고향 전원으로 돌아왔네.
밭과 집은 한적하고 또 텅 비었는데
계산(溪山) 사이에 복거했다오.
거문고와 책144)을 자리 곁에 벌여 놓고
꽃과 대나무는 뜨락 앞에 늘어났네.
봄날 해는 따사롭고 곱게 비추고
정원 숲은 바람과 안개 속에 살랑대네.
헤엄치던 물고기는 남쪽 물가에서 장난하고

다.
143) 천연(天淵) : 위로는 높은 하늘까지 이르고 아래로는 깊은 못까지 이르는 상하의 이치를 가리키는 말로, 《중용장구》 제12장에 "《시경》에 이르기를 '솔개는 날아 하늘에 이르는데 물고기는 연못에서 뛰논다'라고 했으니, 상하에 이치가 밝게 드러남을 말한 것이다(詩云, 鳶飛戾天, 魚躍于淵, 言其上下察也)"라 했다.
144) 거문고와 책 : 원문은 '금서(琴書)'로, 거문고와 서책인데, 이것들을 즐기며 지내는 전원의 흥취를 의미한다. 도잠(陶潛)의 〈귀거래사(歸去來辭)〉에 "친척들과의 정담을 즐거워하고, 금과 서책을 즐기면서 시름을 푼다(悅親戚之情話, 樂琴書以消憂)"라고 했다.

한 줄기 구름은 서쪽 봉우리에서 나오네.
몸과 마음이 구속을 벗어나자
마음은 조용하고 한가로움에 상쾌하네.
단지 둔하고 용렬함을 편안하게 여길 뿐
감히 초연함을 흉내 내는 것은 아니라네.

제2수

창망하게 팔월 끝자락에
고향으로 말 타고 돌아와 벗어났네.
정원 걷노라니 그윽한 정취를 이루며
구름 바라보며 먼 날의 기억을 떠올리노라.
이웃 마을에서 와서 안부 물으며
밤낮으로 서로 오고 가네.
토론은 옛날과 지금을 꿰었고
농담은 나이가 많고 적음을 잊었네.
이미 친한 벗들이 모임을 사랑하거니와
다시 강과 들이 드넓은 것이 기쁘다오.
내 삶이 참으로 만족스러우니
무엇 하러 수풀을 싫어하리오?
농가에 봄 일이 시작되니
사립문에는 수레와 말이 드무네.

때때로 농부와 함께 갔다가
더러 초부를 따라 돌아오네.
콩죽 먹는 것145)은 나의 입에 맞고
삼을 심어 나의 옷을 만들려 한다오.
주림과 추위에 나의 운명을 맡겼나니
속 좁은 성품이라 어길 수 없다네.

謹用陶靖節歸田園韻

其一首
奉檄諧素願　承恩宰丹山
撫字心徒勞　黽勉將一年
心事自矛盾　趣尙眞天淵
淹留竟何裨　解綬歸故田
田廬閒且曠　卜在溪山間
琴書列座右　花竹羅庭前

---

145) 콩죽 먹는 것 : 원문은 '철숙(啜菽)'. 콩죽을 쑤어 먹는다는 말로, 빈한한 집에서 효성스럽게 어버이를 모시는 것을 말한다. 공자의 제자 자로가 집이 가난해 어버이를 제대로 모시지 못한다고 한탄하자, 공자가 "콩죽을 쑤어 먹고 맹물을 마시더라도 어버이를 기쁘게 해 드리면 그것이 곧 효도다(啜菽飮水, 盡其歡, 斯之謂孝)"라고 말한 고사가 전한다. 《예기(禮記)》 참조.

春日向暄妍　園林媚風烟
遊魚戲南渚　孤雲出西巔
形神免拘牽　襟期愜幽閑
只爲安蹇劣　非敢效超然

其二首
蒼茫仲秋末　故山稅歸鞅
涉園成幽趣　望雲起遐想
隣曲來問訊　日夕相還往
討論貫今古　談謔忘少長
旣愛親朋集　復喜川原曠
吾生良以足　何用厭林莽
田家春事起　紫扉輪鞅稀
時與農夫往　或隨樵者歸
啜菽適我口　種麻謀我衣
饑寒委我命　褊性不可違

연못

연못이 내 오두막 둘렀으니
누워 쉬며 마음에 흡족하네.
하늘 높으니 기꺼이 머리 숙이고
땅 좁아도 오히려 다리 뻗는다.
굽어보며 올려다보며 티끌세상 비웃으니
뒤집고 엎어짐이 장기판과 같구나.
정신을 기르려[146] 고서 읽으며
낮을 이으려 새 초를 잡는다네.
맑은 아침이면 영원(靈源)[147]을 검속하나니
동쪽 창에는 맑은 햇살 가득하구나.

蓮池

蓮池繞我廬　偃息愜心曲
天高肯低頭　地狹猶展足

---

146) 정신을 기르려 : 원문은 '이신(頤神)'. 이신양성(頤神養性)의 준말로, 마음을 가다듬어 정신을 수양한다는 뜻이다.
147) 영원(靈源) : 심령(心靈)과 같은 말로, 마음을 가리킨다.

俯仰笑塵世　翻覆如碁局
頤神讀古書　繼晷秉新燭
淸朝檢靈源　東牕滿晴旭

산거하며 뜻을 말하다. 전명로[148]의 〈초당〉 시의 운을 쓰다

골짝 어귀[149]의 조부 집을 늙어서야 비로소 의지하니
길을 헤매다가[150] 다행히 어느새 돌아옴을 노래하네.

---

148) 전명로 : 전익구(全翼耉, 1615~1683)를 말한다. 본관은 용궁(龍宮), 자는 명수(明叟), 호는 가암(可庵)이다. 전이성(全以性)의 아들로, 관직보다는 학행(學行)으로 이름을 알렸다. 정경세(鄭經世)의 손자 정도응(鄭道應), 홍귀달(洪貴達)의 5세손 홍여하(洪汝河)와 교분이 깊었다. 관직에 진출하지 않았다. 만년에 경상북도 상주시 사곡(沙谷)으로 이주해 가암(可庵)을 건립하고 독서와 저술로 일생을 마쳤다. 《가암집(可庵集)》이 있다.
149) 골짝 어귀 : 원문은 '곡구(谷口)'. 지명으로 은자가 사는 곳을 뜻한다. 서한(西漢)의 정박(鄭樸)은 자가 자진(子眞)인데, 성제(成帝) 때에 외척 대신(外戚大臣) 왕봉(王鳳)이 예의를 다해 초빙해도 응하지 않고 곡구에서 살면서 호를 곡구자진(谷口子眞)이라고 했다. 《한서(漢書)》 참조.
150) 길을 헤매다가 : 원문은 '미도(迷途)'. 길을 잃고 헤매는 것으로, 벼슬길에 잘못 발을 들였지만 그리 멀리 가지 않고 다시 옳은 길로 돌아온 것을 말한다. 진(晉)나라 도잠(陶潛)의 〈귀거래사(歸去來辭)〉에 "실로 길을 잃고 헤맸으나 아직 멀리 가지 않았으니, 지금이 옳고 지난 날이 그름을 깨달았다(實迷塗其未遠, 覺今是而昨非)"라고 한 데서 온

섬돌 따라 도는 돌 여울은 울다가 다시 고요해지고
문 옆의 산 구름은 말았다가 다시 날아가 버리네.
외길의 솔과 삼나무는 엇대어 짙푸르게 우거져 있고
사계절의 꽃과 풀은 모두 향기롭구나.
유연히 뜻을 얻어 알아주는 이 없고
천 년 전 기수151)의 구름, 증점의 비파는 드물어라.

山居言志 用全明老翼耆草堂韻

谷口先廬老始依　迷途幸已賦吾歸
循除石瀨鳴還靜　傍戶山雲卷復飛
一逕松杉交翠蔚　四時花卉摠芳菲
悠然意得無人會　千載沂雲點瑟希

말이다.

151) 기수(沂水) : 중국 산동(山東) 곡부현(曲阜縣) 동남쪽 이산(尼山)에서 발원(發源)한 강물 이름이다. 공자가 몇몇 제자들에게 각자의 뜻을 말해 보라고 했을 때, 증점(曾點)이 "따스한 봄날 봄옷이 이루어지면 관자(冠者) 대여섯 명과 동자(童子) 예닐곱 명을 데리고 기수에서 목욕하고 무우대(舞雩臺)에서 바람을 쏘인 뒤에 흥얼거리며 돌아오겠습니다"라고 말했다는 데서 인용한 것이다. 곧 혼란한 세상에 나가지 않고 한적한 자연 속에서 자신의 덕을 닦고 도를 즐기는 데 뜻이 있는 것을 말한다. 《논어》 참조.

지친 새를 읊다

남교에서 마시고 쪼아 먹으니152) 마음 벌써 풍족한데
서쪽 숲으로 해가 저무니 지쳐 돌아감을 안다네.
울타리에 가두든 음악을 들려주든153) 분수는 애초 정해

---

152) 마시고 쪼아 먹으니 : 원문은 '음탁(飮啄)'. 식탁(食啄)과 비슷한 말로 얽매이지 않고 자유롭게 사는 것을 뜻하며, 《장자(莊子)》〈양생주(養生主)〉의 공문헌(公文軒)과 우사(右師)의 대화 가운데 나온다. 우사가 발이 하나 잘려 나가는 형벌을 받은 후에 외발로 나타나자 공문헌이 깜짝 놀라며 누가 그렇게 만든 것인지를 물었는데 우사는 사람이 아닌 하늘이 그렇게 만들었다고 하며, "못가의 꿩은 열 걸음 만에 한 입 쪼아 먹으며, 100걸음 만에 한 모금 마시지만, 새장 속에서 길러지기를 바라지 않는다. 신태(神態)는 비록 왕성해지겠지만, 새의 본성은 그것을 좋아하지 않는다(澤雉十步一啄, 百步一食, 不蘄畜乎樊中, 神雖王, 不善也)"라고 했다. 즉, 우사는 인간 세상에 얽매이지 않고 자연에 순응해 사는 것이야말로 참자유임을 강조했다.

153) 음악을 들려주든 : 원문은 '종고(鐘鼓)'. 여기에서는 좋은 대접을 받는 생활을 말한다. 《장자》〈지락(至樂)〉에 "옛날에 바닷새가 노(魯)나라 교외에 날아와 앉자, 노나라 제후가 그 새를 맞이해 와서 태묘(太廟)에서 술을 마시도록 하고 구소(九韶) 음악을 연주해 즐겁게 해 주며 소와 양을 잡아 음식을 차려 주었다. 새는 눈이 아찔해져 근심과 슬픔으로 한 덩어리의 고기도 먹지 못하고 한 잔의 술도 마시지 못한 채 사

졌으니

깃들여 쉴 가지 하나로도 애오라지 스스로 편안하다오.

詠倦鳥

飲啄南郊心已闌　西林日暮倦知還
藩籬鐘鼓分初定　棲息一枝聊自安

흘 만에 죽어 버렸다. 이는 자신을 기르는 방법으로 새를 기르고 새를 기르는 방법으로 새를 기르지 않았기 때문이다(昔有海鳥止於魯郊, 魯侯御而觴之於廟, 奏九韶以爲樂, 具太牢以爲膳. 鳥乃眩視憂悲, 不敢食一臠, 不敢飮一杯, 三日而死. 此以己養養鳥也, 非以鳥養養鳥也)"라고 했다.

산에서 지내며 우연히 읊다

책 읽다 마음이 잠시 노곤해져
산보하다가 계정 동쪽에 이르렀네.
모래와 물은 모두 밝고 고우며
구름과 안개는 더욱 어스름이 뒤섞였네.
시냇가 나무는 여리게 푸른빛이 새롭고
바위틈에 핀 꽃은 붉은빛이 완연하네.
그윽이 찾는 일 뉘 같이하리오?
좋이 구경하니, 흡족한 마음 끝이 없네.

山居偶吟

讀書意暫倦　散策溪亭東
沙水互明媚　雲烟更冥濛
澗樹嫩新翠　巖花嬌晚紅
幽探誰與共　良覿懷靡窮

계곡물 소리 들리니 느낌이 있어서

뜰 가득한 솔과 회나무, 비가 내려 어둑어둑
계곡물은 옥이 구르듯 밤새 울어 대네.
그날 마음을 누가 이해해 줄까나?
남겨진 여향(餘響)이 이 안에서 들려오니 견디지 못하겠네.

聽澗有感
滿庭松檜雨冥冥 澗水琮琤徹夜鳴
當日心情誰會得 不堪遺響此中聽

수회동154) 가는 길에 전명로155)의 시에 차운하다

지팡이 짚고 그윽한 곳 찾다 날 저물어지니
한 해의 맑은 흥을 산중 집에 맡기네.
자네를 번거롭힐사, 봄이 오긴 아직도 이르다 서운해하진 마소
계곡 가에 이따금 목필화156)가 보입디다려.

水回洞途中 次全明老韻

幷策尋幽至日斜 一年淸興屬山家
煩君莫恨春猶早 澗畔時看木筆花

---

154) 수회동 : 현재 상주 외서면으로 정도응이 거처하던 우곡 주변의 승경처(勝景處) 중 하나다.
155) 전명로 : 전익구. 주 148 참조.
156) 목필화(木筆花) : 꽃눈이 붓을 닮은 꽃이란 뜻으로 목련을 말한다. 그런데 기록을 보면 개나리와 목련을 각각 부르는 것으로 보인다. 《국역 임하필기》의 〈벽려신지(薜荔新志)〉에 "세상 사람들은 모두 개나리인 황만화(黃蔓花, 개나리)를 신이(辛夷)라고 하는데, 《본초(本草)》에는 목련인 목필화(木筆花)가 신이로 되어 있다"고 했다.

한식날 느낌이 있어서

병들어 궁벽한 산에 누웠자니 죄수가 된 듯하이
한 해의 좋은 시절이거늘 성묘 길157)이 막혔다네.
살구꽃에 가랑비 내리자 마음은 쓸쓸해지고
고개 드니 호수 위에 구름 필사, 눈물 거두지 못할레라.

寒食有感

病伏窮山類蟄囚　一年佳節阻松楸
杏花微雨心悽感　矯首湖雲淚不收

---

157) 성묘 길 : 원문은 '송추(松楸)'. 소나무와 가래나무로, 주로 묘 둘레에 심었기 때문에 무덤이나 선영(先塋)을 가리키는 말로 쓰이는데 여기에서는 성묘를 한다는 뜻으로 쓰였다.

봄날 명로158)를 추억하며

비 그치자 계곡물은 울어 대고
꽃이 피니 바위 누대는 그윽할시고.
이를 마주하니 오랜 벗 생각나거니
밤낮으로 이별의 근심이 더하누나.

春日憶明老

雨罷澗泉吼　花發巖臺幽
對此憶素友　日夕增離憂

---

158) 명로 : 전익구. 주 148 참조.

계정에서 즉흥으로 짓다

계곡물 굽이도는 작은 초당에
저녁이라 바람은 때때로 숲 저편 향기를 보내오네.
어느샌가 해는 길어지고 다른 일이 없는데
오직 고상한 벗과 상을 함께하네.

溪亭卽事

溪水灣環小草堂　晚風時送隔林香
翛然永日無餘事　惟與高朋共一床

산거즉사

제1수
　천성이 본래 산수를 사랑해
　오래전 벌써 물러나 쉬고 있네.
　곡구의 조부 초가는 그윽해
　때때로 세상 밖 노니는 데 알맞네.

제2수
　금년으로 가족과 같이 지낸 지 여러 해 되나니
　깃들여 살며 계곡물에 다가가 있노라.
　계곡물 흐르고 봄 경치 따스할사
　날개 드높게 물새는 짝지어 나는구나.

제3수
　솔과 삼나무가 골짝을 가렸고
　꽃과 버들은 언덕배기를 수놓았네.
　어른이며 아이들[159] 서너 무리
　충분히 훌륭한 짝이 될 만해라.

제4수

    흥이 오르면 문득 함께 기뻐하고

    술이 이르면 또 서로 따라 주네.

    모르겠구나. 티끌세상 사람들도

    이러한 즐거움을 누릴 수 있는 줄 아는지.

제5수

    거문고와 책160)으로도 하물며 흥취가 넉넉하거니

    대그릇 밥과 표주박 물161)이라 참으로 근심을 잊누나.

---

159) 어른이며 아이들 : 원문은 '관동(冠童)'으로, 어른과 아이다. 주 151 참조.

160) 거문고와 책 : 원문은 '금서(琴書)'로 거문고와 서책인데, 이것들을 즐기며 지내는 전원의 흥취를 의미한다. 도잠(陶潛)의 〈귀거래사(歸去來辭)〉에 "친척들과의 정담을 즐거워하고, 금과 서책을 즐기면서 시름을 푼다(悅親戚之情話, 樂琴書以消憂)"라고 했다.

161) 대그릇 밥과 표주박 물 : 원문은 '단표(簞瓢)'. 대그릇의 밥과 표주박의 물을 뜻하는 '단사표음(簞食瓢飮)'의 준말로, 청빈한 생활을 가리킨다. 공자(孔子)가 안연[顔淵, 안회(顔回)]의 안빈낙도(安貧樂道)를 칭찬하기를 "어질도다, 안회(顔回)여! 한 대그릇의 밥과 한 표주박의 물을 먹으며 누추한 골목에서 생활하는 것을, 다른 사람들은 근심하며 견디지 못하는데, 안회는 그 즐거움을 고치지 않으니, 어질도다, 안회여!(賢哉回也, 一簞食一瓢飮在陋巷, 人不堪其憂, 回也不改其樂, 賢哉

넉넉히 노닐며 내 삶을 마치리니
이 밖에 다시 무엇을 구하리오?162)

山居卽事

其一首
性本愛山水　久已成退休
谷口先廬幽　時諧物外遊

其二首
今年挈家累　棲息臨溪流
溪流春景暄　矯翼雙飛鷗

回也)"라고 한 것에서 나왔다. 《논어》 참조.
162) 이 밖에 다시 무엇을 구하리오? : 원문은 '차외갱하구(此外更何求)'. 이 구절은 당나라 두보의 〈강촌〉에 보인다. 시는 다음과 같다. "맑은 강의 한 굽이 마을을 안아 흐르니, 긴 여름 강촌의 일마다 그윽하도다. 절로 가며 오는 것은 집 위의 제비요, 서로 친하며 서로 가까운 것은 물 가운데의 갈매기로다. 늙은 아내는 종이를 그려 장기판을 만들고, 어린 아들은 바늘을 두드려 고기 낚을 낚싯바늘을 만든다. 많은 병에 얻고자 하는 것은 오직 약물이니, 이 천한 몸이 이것 외에 다시 무엇을 구하리오?(淸江一曲抱村流, 長夏江村事事幽. 自去自來梁上燕, 相親相近水中鷗. 老妻畵紙爲棋局, 稚子敲針作釣鉤. 多病所須唯藥物, 微軀此外更何求)"

其三首
松杉翳澗壑　花柳榮林丘
冠童三數輩　足以當高儔

其四首
興來輒共懽　酒至還相酬
未知塵世人　能有此樂不

其五首
琴書矧饒趣　簞瓢亦忘憂
優遊畢吾生　此外復何求

계곡 가를 산보하며

버들 제빛으로 푸릇푸릇, 꽃도 저 혼자 붉거늘
하늘에 솔개 날고 깊은 못에 물고기 뛰놀사, 모두 끝이 없어라.
고요한 가운데 마침 활발한 천기를 얻으니
만물과 나는 원래 하나의 공리였다네.

散步溪邊
柳自靑靑花自紅　天飛淵躍摠無窮
靜中會得天機活　物我元來一理公

계정의 뜨락 나무가 녹음을 새로 드리운 것이 사랑할 만해

뜨락 주위 교목에 어린잎이 일제히 돋고
산새가 때때로 작은 가지에서 울어 대네.
녹음은 지천일사 계당은 고요해
편안히 앉아 책을 보는데 해가 뉘엿해라.

溪亭庭樹 綠陰新敷可愛

庭畔喬林嫩葉齊　山禽時點小枝啼
綠陰滿地溪堂靜　穩坐看書至日西

계정에 적다

지세는 외져 솔 그늘과 만나는 곳
인적은 드문데 한낮의 해는 길어라.
시원한 바람은 북창 아래로 불고
베개에 누우니 희황163)의 시대에 이르네.

題溪亭

地僻松陰合 人閒午景長
淸風北牕下 一枕到羲皇

---

163) 희황 : 복희씨(伏羲氏)를 가리킨다. 그 시대의 백성이 근심 없이 순박하고 한적하게 살았으리라 해서 은자들이 자칭 희황상인(羲皇上人)이라 했다. 도잠(陶潛)이 여름에 북창 아래 누워 있다가 맑은 바람이 불어오자 스스로 복희씨 시대의 사람이라 했다. "여름철 한가로이 북창 아래 잠들어 누웠다가, 시원한 바람이 불어오면 문득 태고 시대의 사람인 것처럼 느껴지곤 한다(夏月虛閑, 高臥北窓之下, 淸風颯至, 自謂羲皇上人)"라고 한 데서 유래한다. 《진서(晉書)》 참조.

명로164) 시에 차운하다

십 리 길 계산이라 분잡한 세상과 떨어졌나니
초가집은 소쇄할사 형문이 닫혀 있네.
다행히도 푸른 담요165)에 선인의 유업을 보존하고
깊숙이 누런 책166)에서 옛 성인의 말씀을 깊이 찾노라.
짙게 깔린 산 구름은 퍼졌다가 말리고
쩌렁대는 바위 여울은 고요하다 시끄럽네.
이제부터 온 골짜기의 그윽한 흥취 차지했으니
명리의 굴레167)는 팔 내저어 뜻 나누지 않으리.

---

164) 명로 : 전익구. 주 148 참조.
165) 푸른 담요 : 원문은 '청전(靑氈)'. 푸른 모포로, 선대부터 전해 오는 귀한 유물이나 가업을 가리킨다. 진(晉)나라 왕헌지(王獻之)가 누워 있는 방에 도둑이 들어와 물건을 모두 훔쳐 가려 하자 "도둑이여, 그 푸른 모포는 우리 집안의 유물이니, 그것만은 놓고 가라(偸兒, 靑氈我家 舊物, 可特置之)"라고 한 데서 유래했다. 《진서(晉書)》 참조.
166) 누런 책 : 원문은 '황권(黃卷)'으로, 책을 가리킨다. 옛날에 좀이 슬지 않도록 황벽(黃蘗)나무의 즙을 짜서 서책에 발랐던 데에서 유래했다.
167) 명리(名利)의 굴레 : 원문은 '명강(名韁)'으로, 이록(利祿)의 쇠사

次明老韻

十里溪山隔世紛　草廬蕭灑掩衡門
靑氊幸保先人業　黃卷深探古聖言
靉靆山雲舒復卷　琮琤石瀨靜還喧
從今一壑專幽趣　掉臂名韁志不分

슬에 묶였다는 명강이쇄(名韁利鎖)의 준말이다.

명로168)가 홍언명169)의 운자를 써서 지은 시에 차운하다

궁벽한 골짜기 장맛비로 길손조차 끊어지니
문을 닫고 마주 앉아 속마음을 나누네.
평생 고질로 앓은 것은 오직 산수요
말년토록 마음 두지 않은 것은 이욕과 이름이라.
때는 사람에게 빌리지 못하나니 운명에 맡길 만한 것이라
늙으면 의당 세상을 잊어야 하는 것을 어이 모질다 꺼리리오?
표연한 승경 완상을 뉘 주관할 수 있으랴
사마천의 높은 풍모를 언명이 지녔다네.

次明老用洪彦明覩韻
窮峽淫霖斷客行 閉門相對說衷情

---

168) 명로 : 전익구. 주 148 참조.
169) 홍언명 : 이름은 홍도(洪覩)이며 생몰년은 자세하지 않다. 1668년 경서교정청(經書校正廳)에 이단하(李端夏)·김만중(金萬重)·박신(朴紳) 등과 함께 교정관에 임명되기도 했다.

平生多癖惟山水　末路無心是利名
時不假人堪委命　老宜忘世豈嫌獰
飄然勝賞知誰辦　司馬高風有彥明

삼가 창석 선생[170]의 시에 차운해 명로[171]에게 보이다

세상 밖의 구름 낀 산은 깊고도 깊을사
문 앞 오솔길 하나 푸른 이끼 끼었구나.
은근할사, 다행히 자네가 자주 찾아 준다면
탑상을 마주해 글을 논하고 또 마음을 나누리라.

謹次蒼石先生韻 示明老
世外雲山深復深 門前一逕綠答侵
殷勤賴子頻來訪 對榻論文更討心

---

170) 창석 선생 : 이준. 주 43 참조.
171) 명로 : 전익구. 주 148 참조.

아이를 데리고 뒷산에 올라

지팡이 손질하고 집 뒤의 산봉우리에 올라
두건 젖힌 채로172) 바위틈 솔에 높이 기대노라.
가을 풍경이 눈에 가득할사 계산도 좋으니
길게 휘파람 불고 나직이 읊조리니 흥취는 만 겹이라네.

携兒輩上後山

理策來登屋後峯　岸巾高倚石間松
秋容滿眼溪山好　長嘯微吟興萬重

---

172) 두건 젖힌 채로 : 원문은 '안건(岸巾)'. 두건을 뒤로 젖혀 써서 이마가 훤히 드러나게 하는 것으로, 전의해서 소탈한 태도나 격식을 차리지 않은 옷차림을 형용하는 말이다.

수회동을 노닐며

계곡물은 맑고 밝아 옥거울처럼 투명하고
바위산의 가을 빛깔은 비단 병풍 속이네.
흥취가 무르익어 다만 못가의 바위에 기대니
단풍잎이 되레 취한 얼굴처럼 발그레하네.

遊水回洞

溪水澄明玉鏡空　巖巒秋色錦屛中
興闌徒倚潭邊石　楓葉還同醉面紅

9월 보름에 안태화[173], 홍백원[174], 최여안을 데리고 선유동[175]으로 향하다

콸콸 맑은 강물이 골짜기 속으로 쏟아져 내리고
옥을 깎은 듯 온갖 바위들은 가을 하늘에 꽂혀 있네.
조화옹[176]이 나를 위해 시흥을 보태 주려고
바람과 구름을 내몰아 고운 무지개를 에워쌌어라.

九月望 携安太和洪伯源崔汝安 向仙遊洞

滾滾澄江注峽中　千巖玉削挿秋空

化工爲我添詩興　驅使風雲繞彩虹

---

173) 안태화 : 안도징(安道徵, 1616~1678)을 가리킨다. 본관은 순흥(順興), 자는 태화(泰和), 호는 점리와(點离窩)다. 정경세(鄭經世)를 사사했으며, 일찍부터 과거를 포기하고 학문에 전념했다. 《점리와집(點离窩集)》 2권 1책이 전한다.
174) 홍백원 : 홍여하. 주 39 참조.
175) 선유동 : 현재 경북 문경시(聞慶市) 가은읍(加恩邑)에 위치한 계곡이다.
176) 조화옹 : 원문은 '화공(化工)'으로, 만물을 만들어 내는 기술이란 뜻이다.

완장리

일찍이 봄 든 산이 비에 씻어 단장했던 모습 보았는데
다시 가을에 물든 단풍이 누렇게 흐드러진 숲을 찾았다오.
구구하게 이날에 어찌 꼭 씻어야만 하리오?
흙먼지는 원래 배 속에 들어오지도 않았는데.

浣腸里

曾見春山雨洗粧　重尋秋葉滿林黃
區區此日何須浣　塵土元來不入腸

백운대

옥을 깎은 듯 천 길 암벽
구름 깊은 백 척의 대.
시선이 떠난 지 이미 오래요
오늘 내가 다시 찾아왔네.

白雲臺

玉削千尋璧 雲深百尺臺
詩仙去已遠 今日我重來

정사를 향하면서 짓다

제1수
    지팡이 짚고 우둔한 아이 수고롭게 하고
    술동이 내오라고 늙은 아내에게 짐을 지웠네.
    눈이 녹으니 추위가 골짜기에서 물러나고
    얼음 녹으니 푸른빛이 계곡 가에 돋는구나.

제2수
    저물녘 물가에는 갈매기가 한가롭게 떠 있고
    짙은 소나무에는 학이 돌아와 둥지를 트네.
    길을 가다 정사로 가는 길에 들어서니
    해가 기울어 조각 다리 서편에 걸렸어라.

向精舍有作

其一首
理策煩癡子　呼樽荷老妻
雪消寒盡壑　冰泮綠生溪

其二首
晚渚鷗閒泛　深松鶴返棲
行尋精舍路　斜日小橋西

명로[177]와 책상을 마주해 기쁨을 적다

근년에 궁벽한 골짝에 병으로 발길 거두었거든
고맙게도 자네가 지팡이 짚고 자주 어울려 주었지.
헤어질 제 더욱 은근한 정이 있나니
강학은 모름지기 시종(始終)을 관통해야만 하네.

與明老對床志喜

窮谷年來病蟄蹤　荷君携策屢相從
臨分更有殷勤意　講學要須貫始終

---

177) 명로 : 전익구. 주 148 참조.

설날에 회포를 쓰다

제1수
오늘도 산림에서 다시 새해를 맞이해
동이 술로 넉넉히 따르니 춘흥178)이 찰랑거리네.
감히 북당179)께서 정녕 만수하시길 기뻐하나니
길이 색동옷의 노래자180) 몸이 되리라.

제2수
두 해 동안 타향에서 지내며 산기슭에 머무니

---

178) 춘흥 : 술을 말한다.
179) 북당(北堂) : 부녀자가 거처하는 곳인데 여기에서는 어머니 계신 곳을 말한다. 《시경(詩經)》에 "어떻게 하면 훤초(諼草)를 얻어다 배(背)에 심을꼬(焉得諼草言樹之背)"라 했고, 그 주(註)에 '훤(諼)은 훤(萱)이요 배(背)는 북쪽에 있는 당[北堂], 곧 부인네가 거처하는 곳이다'라고 했다.
180) 노래자 : 원문은 '노래(老萊)'로, 춘추 시대 초(楚)나라의 노래자(老萊子)다. 노래자는 효성으로 어버이를 섬겨 70세의 나이에도 항상 색동옷을 입고 어리광을 부려 부모를 기쁘게 했다고 한다. 《소학(小學)》 참조.

꿈속에서 강과 대숲 사이를 자주 헤치고 다녔네.
한스럽게도 오늘 아침 진지 올림을 어겼으니
슬프고 두려운 마음에 눈물 자국만이 남네.

제3수

다잡지 않은[181] 평생, 학문은 나아지지 않고
거연히 사십육 년째 봄이 되었네.
이제부터 지난날을 뉘우치고 성찰을 좇고 더해
부디 가문에 부끄럽지 않은 사람이 되리라.

元日題懷

其一首
山林今日又迎新　尊酒深斟潋灩春
敢喜北堂膺萬壽　彩衣長作老萊身

---

181) 다잡지 않은 : 원문은 '유범(悠泛)'. 유유범범(悠悠泛泛)의 줄임말로 일을 꼼꼼하게 하지 않고 느리며 조심성이 없는 것을 말한다. 《주자대전》〈답증무의(答曾無疑)〉에 "시간이 가는지라, 세월은 나를 위해 기다려 주지 않는다. 뜻을 둔 장부가 어찌 마땅히 유유범범하게 배회하고 머뭇거리며 그 몸을 늙게 할 것인가?(日月逝矣, 歲不我與. 丈夫有志者, 豈當爲此悠悠泛泛, 徘徊猶豫, 以老其身乎)"라고 했다.

其二首
二年僑寓滯山樊　魂夢頻穿水竹間
敢恨今朝違薦食　情懷怳惕淚成痕

其三首
悠泛平生學未新　居然四十六年春
從今悟昨加循省　庶作家門寡過人

연정에서 저녁에 졸다가

관아에서 물러 나와 지팡이 짚고 작은 정자에 기대니
지는 해가 환했다 어두워지며 들판 숲으로 멀어지네.
참으로 애틋할사, 울 밖의 대나무 천 그루러니
세밑 바람 서리에도 푸른빛을 바꾸지 않는구나.

蓮亭夕睡

衙罷攜筇倚小亭　夕陽明滅遠林坰
最憐墻外千竿竹　歲暮風霜不改靑

회포가 있어

문서들 쌓이건만 병마가 휘감고 있으니
쇠한 몸 소생시킬 계책 없어 봉록이 부끄럽네.
언제나 임금의 은혜 조금이나마 보답을 하고
거문고 하나 낙동강 배에 싣고 돌아갈까?

有懷

簿書叢沓病纏綿　無策蘇殘愧俸錢
何日君親恩少答　一琴歸載洛江船

동각의 분국을 읊다

동쪽 울 가의 화사한 국화를 옮겨 왔나니
영각[182]의 분국 두 개 중양[183]이라 곱구나.
뚜렷할사 서리 맞아 물든 빛과 똑같으니
산거(山居)의 사립에 가지 않고도 가을 향기 맡는다오.

詠東閣盆菊

移得東籬燦燦黃　兩盆鈴閣媚重陽
分明一樣凌霜色　不及山扉嗅晚香

---

182) 영각(鈴閣) : 지방관이나 번진(藩鎭)의 장수가 집무하는 곳이다. 본래 도독(都督)의 관사(官舍) 대문에 방울[鈴]을 걸어 두어 불의의 사태에 대비했기 때문에 붙은 이름이다.
183) 중양 : 중양절(重陽節). 9월 9일의 명절로 중구절(重九節)이라고도 하는데, 수유(茱萸) 주머니를 차고, 높은 곳에 올라 국화주를 마시며 장수를 기원하고 액운을 쫓는 풍속이 있었다.

징원당에서 비 온 뒤 즉흥으로 짓다

제1수

오늘은 공무 가운데[184] 제법 한가해
오사모[185] 쓰고 저녁 든 당에 기댔어라.
고마운 장맛비가 가뭄을 씻어 내니
밝은 해는 맑은 빛을 쏟아 내는구나.

제2수

무논에 벼는 막 싹이 올라오고
산밭의 보리는 어느새 누레졌네.
주린 백성은 의지할 바 있으니
병든 원님은 미친 듯이 기뻐하는구나.

---

184) 공무 가운데 : 원문은 '부령(簿領)'. 날마다 기록해 정리하는 공문서다. 여기서는 공무 중을 말한다.
185) 오사모 : 원문은 '오사(烏紗)'. 고려 말기에서 조선 시대에 걸쳐 벼슬아치들이 관복을 입을 때에 쓰던, 검은 사(紗)로 만든 모자로, 요즘은 흔히 전통 혼례식에서 신랑이 쓴다.

澄源堂雨後卽事

其一首
簿領今多暇　烏紗倚晚堂
甘霖洗旱氣　白日透晴光

其二首
水壟秧初長　山田麥已黃
飢氓行有賴　病守喜如狂

서헌에서 비를 바라보며 고향을 그리워하네

주렴 걷고 말없이 서루에 기대니
우수수 비바람에 온갖 근심이 일어나네.
고향 산의 푸른 계수나무 숲 곱절로 그립나니
언제나 건거(巾車)186) 타고 숲 언덕을 마주할까?

西軒對雨 憶故山

捲簾無語倚西樓 風雨蕭蕭攬百憂
倍憶故山叢桂碧 巾車何日對林丘

---

186) 건거(巾車) : 휘장을 친 수레로, 은사의 수레라고도 하고 혹은 짐 수레라고도 한다. 도잠(陶潛)의 〈귀거래사(歸去來辭)〉에 "혹 건거를 타고 혹 배를 저어 가며 깊숙한 골짜기를 찾아가고 울퉁불퉁한 언덕을 지나간다(或命巾車, 或棹孤舟, 旣窈窕以尋壑, 亦崎嶇而經丘)"라고 했다.

삼가 한강 선생[187]의 〈아각〉[188] 시에 차운하다

매인 몸[189] 누가 지난 잘못을 뉘우칠 수 있으리오마는

---

187) 한강(寒岡) 선생 : 정구(鄭逑, 1543~1620)를 높여 부른 것이다. 본관은 청주(淸州), 자는 도가(道可), 시호는 문목(文穆)이다. 김굉필(金宏弼)의 외증손이다. 1563년(명종 18)에 퇴계와 남명(南冥) 조식(曺植)에게서 성리학을 배웠으며, 과거를 단념하고 학문에만 열중했다. 1580년 처음으로 창녕현감에 부임했는데 여덟 곳에 서당을 지어 학문을 권장했으며 선정을 베풀어 생사당(生祠堂)이 세워졌다. 1592년 임진왜란이 일어나자 각 군에 격문을 보내 의병을 일으키도록 했다. 경학과 예학에 뛰어나 여러 저술들을 남겼다. 저서로 《한강집》 등이 있다.

188) 〈아각(衙閣)〉 : 《한강집》에 〈창산 관아에서 우연히 읊다(昌山衙閣偶吟)〉라는 제목의 시 2수 가운데 제1수를 말한다. 시는 다음과 같다. "실책으로 창산 부임한 뒤 일마다 잘못되니, 백 번을 생각해도 돌아감만 못해라. 꿈속 넣은 헛된 명성에 매인 줄 모르고, 밤마다 옛 낚시터를 까닭 없이 맴돈다오(失計昌山事事非, 思之百爾不如歸. 夢寬不省虛名縛, 夜夜無端邊故磯)."

189) 매인 몸 : 원문은 '형역(形役)'. 정신이 육신의 부림을 받는 것, 즉 마음이 물욕에 흔들림을 말한다. 도잠(陶潛)의 〈귀거래사(歸去來辭)〉에 "이미 스스로 마음을 가지고 형체의 부림 받았으니, 어찌 실의에 빠져 슬퍼만 하리오?(既自以心爲形役, 奚惆悵而獨悲)"라고 했다.

졸렬한 재주는 정녕 〈귀거래〉[190]를 읊는 데 어울린다오.
은근하게 산중의 객에게 알리노니
부디 봄바람이 불면 옛 낚시터를 손질해 두소.

謹次寒岡先生衙閣韻
形役誰能悟昨非 才踈端合賦吾歸
殷勤爲報山中客 須趁春風理舊磯

---

190) 〈귀거래〉: 원문은 '오귀(吾歸)'. 초야에 은둔해 자족하는 삶을 살겠다는 표현이다. 진(晉)나라 도잠(陶潛)이 벼슬을 버리고 향리로 돌아가며 지은 글인 〈귀거래사(歸去來辭)〉의 처음에 "돌아갈지어다. 전원이 황폐하려 하니 어찌 돌아가지 않겠는가?(歸去來兮. 田園將蕪, 胡不歸)"라고 했다.

황산 초당의 시에 차운하다

제1수
들자니, 새로 초당을 열었는데
황산의 산수 사이에 있다 하네.
한가로이 걸으니 야생 사슴이 뒤따르고
소리 높이 읊조리자 숲속 매미가 화답하네.

제2수
계곡물을 마시니 주림도 즐거워할 만하고
돌밭 갈다가 노곤해지면 금세 잠에 빠진다오.
종유(從遊)할 사람이 아주 가까이 있으니
나 얼른 전원으로 돌아가고 싶네.

次黃山草堂韻

其一首
聞說開新築　黃山水石間
閒行隨野鹿　高詠和林蟬

其二首
澗飲飢堪樂　巖耕倦卽眠
從遊知最近　吾欲早歸田

을사[191] 정월 5일, 사천의 고사[192]를 좇아 반곡대에 노닐며 도잠의 운을 사용하다

제1수
봄날이거니 바람이며 햇볕이 따스하고
좋은 시절이라 애오라지 쉴 만해라.
홀연히 사천의 시구를 찾아
저 옛날 팽택[193]의 유람을 좇는다네.

제2수
산보하다 대숲 언덕을 돌아들고
두건 젖힌 채 계곡물 굽어보네.

---

191) 을사(乙巳) : 1665년을 말한다.
192) 사천의 고사 : 도잠이 사천에서 지낸 일을 말한다. 사천은 지금의 중국 장시성의 호숫가에 있던 지명으로, 도잠이 나이 37세 되던 해 정월 5일에 율리(栗里)와 가까운 사천(斜川)에 나가 노닐면서 지은 〈유사천(遊斜川)〉이라는 유명한 시가 전해 온다. 《도연명집》참조.
193) 팽택(彭澤) : 도잠을 말한다. 그가 팽택령이 되었다가 그만두었기 때문이다.

처음엔 조롱 나온 학 같더니
다시 물결 타는 갈매기 같구나.

제3수

우러러보니 하얀 구름 덮인 산봉우리요
고개 숙여 보니 푸른 숲이 펼쳐진 언덕이어라.
그윽한 반곡대가 계곡 굽이를 차지하고는
친하게 말 건네며 좋은 벗을 모으는구나.

제4수

골짝의 쑥이며 새로 난 삘기를 잘라다가
술잔을 들어 서로 주거니 받거니 하노라.
문서 더미 속에서 머리 허옇게 늙어 갈사
다시 이 즐거움을 아는지 모르는지.

제5수

바위에 앉아 샘물에 양치하니
티끌세상의 근심을 모두 씻어 내네.
행실은 정녕 벼슬 버리고 전원으로 돌아가서[194]
베개 높이 베고 누워 밖으로 구하지 않아야 하네.

乙巳正月五日 追斜川故事 遊盤谷臺 用陶韻

其一首
靑陽風日暄　勝節聊暇休
忽尋斜川句　遠追彭澤遊

其二首
散步循竹塢　岸幘臨溪流
初如出籠鶴　還似凌波鷗

其三首
仰眺白雲岑　俯瞰蒼林丘
幽臺占澗曲　悟言集良儔

其四首
谷艾剪新羹　擧觥乃相酬
白首簿書間　復有此樂不

其五首
坐石漱瑤泉　滌盡塵世憂

---

194) 전원으로 돌아가서 : 원문은 '반초복(返初服)'. 전원으로 돌아가겠다는 의지를 드러낸 말이다. '초복(初服)'은 출사(出仕)하기 전에 입는 옷으로, 벼슬길에 나오기 전을 말한다. 관직을 그만두고 전원으로 돌아간다는 의미다.

行當返初服 高臥無外求

이은대195)

제1수

봄날이라 동각이 제법 한가하거니
은거하자는 기약을 몇 번이나 찾았나?
교외에서 노니니 예의196)도 덜 차려지고
시골 노인과 시를 주고받으며 읊네.

제2수

이끼 낀 암벽은 술동이 앞의 그림이요
요천의 물소리는 세속 밖의 음악이네.
새로 꾸민 대는 이름까지 더욱 아름다우니
누가 다시 나의 마음을 알아줄까나?

---

195) 이은대 : 정확히 어느 곳에 있는 대인지는 알 수 없다. 이은(吏隱)의 뜻은 벼슬살이를 하면서 은자처럼 살아가는 것을 말한다.
196) 예의 : 원문은 '예수(禮數)'. 예의범절로 각각의 경우에 맞게 예의를 차리는 것을 말한다.

吏隱臺

其一首
東閣春多暇　幽期幾度尋
郊遊寬禮數　村老和詩吟

其二首
苔璧樽前畫　瑤泉世外音
新臺名更好　誰復賞吾心

농사를 살펴보고 마수진을 지나며

마수진 어귀로 느릿느릿 돌아드니
맑은 강, 하얀 자갈에 두 눈이 훤해지네.
길게 읊조리며 푹 젖어 삼호의 승경을 마주하노라니
표연할사 나를 누를 수 없어라.
삼호는 고향에 있다.

省稼過馬首津

馬首津頭緩緩廻　澄江白礫兩眸開
長吟宛對三湖勝　幽興飄然不自裁
三湖在故山

서루에서 지리산을 바라보며

아스라한 방장산[197]
쌍상투가 하늘 밖으로 드러나네.
눈에 들어온 푸른빛은 끝이 없나니
부끄러워라, 나는 속진의 허물에 막혀 있으니.

西樓望智異山

縹緲方丈山　雙髻露天表
入眼靑未了　愧我滯塵累

---

197) 방장산 : 삼신산 중 하나로 여기에서는 지리산의 별칭이다. 삼신산은 봉래산(蓬萊山)·방장산(方丈山)·영주산(瀛洲山)을 말한다.

명로 시에 차운하다

삼대에 걸친 군신 간의 의리요
백 년을 이은 모자의 정이라.
평생 동안의 충과 효
어찌해야 나의 정성을 다할까나?

次明老韻

三世君臣義　百年母子情
平生忠與孝　安得盡吾誠

집에 돌아와 회포를 쓰다

율리로 돌아와 찾은 세 갈래 소로는 거칠어졌고
남창에 기대어 거만히도 술잔을 당기노라.
전원에서 졸성을 기름198)이 참된 나의 본분이거늘
문득 당년에 발길 나서서 바삐 다닌 것 후회하노라.

還家題懷
栗里歸尋三逕荒　南牕寄傲引壺觴
田園養拙眞吾分　却悔當年出脚忙

---

198) 졸성을 기름 : 원문은 '양졸(養拙)'. 자신의 재능을 감추고 한가로이 사는 것으로, 은거해 벼슬길에 나아가지 않음을 뜻한다. 진(晉)나라 반악(潘岳)의 〈한거부(閑居賦)〉에 "뭇 묘한 이치를 누르고 생각을 끊어 마침내 한가로이 노닐며 양졸하노라(抑衆妙而絶思, 終優游以養拙)"라 했다.

점사에서 감회가 일어

고목은 소슬하고 눈은 오솔길에 쌓였거니와
선방엔 여전히 독서 등불이 걸려 있네.
의연할사 사십 년 전의 일
일찍 부모 여읜 삶[199]이라 눈물이 가슴을 적시누나.

簟寺感懷
古木蕭森雪逕層　禪龕猶掛讀書燈
依然四十年前事　孤露餘生淚滿膺

---

199) 부모 여읜 삶 : 원문은 '고로여생(孤露餘生)'. 어릴 때 부모를 여의고 의지할 데가 없는 사람을 말한다.

석가산을 읊조리다

세상 사람들은 앞다투어 자장의 유람200)을 배운다고
천 리의 이름난 산, 먼 곳에서 찾느라 시간을 보내나니
어이 방 안에서 베개에 높이 기대어 마주하니
석봉이 삼삼히 늘어서고 차가운 물 쏟아짐만 하리오?

詠石假山

世人爭學子長遊　千里名山費遠求
何似室中欹枕對　石峯森列瀉寒流

---

200) 자장의 유람 : 원문은 '자장유(子長遊)'. 견문을 넓히기 위해 멀리 유람하는 것을 말한다. 자장은 《사기(史記)》를 지은 사마천(司馬遷)의 자다. 사마천은 천성이 유람하기를 좋아해 일찍이 남쪽으로 강수(江水), 회수(淮水)를 유람하고 회계(會稽)로 올라가서 우혈(禹穴)을 보고 구의산(九疑山)을 보았으며, 북쪽으로는 문수(汶水)와 사수(泗水)를 건너 제(齊)와 노(魯) 지방을 거쳐 양(梁)과 초(楚) 지방까지 두루 유람했다. 이때 얻은 산천에 대한 지식으로 인해 명문장가가 되었다고 한다. 《사기》 참조.

용주201) 조경 공의 〈적백마〉 시에 차운하다

풍절과 문장은 후산202)과 엎치락뒤치락
서관에 매였던 고난과 위험을 차마 말하랴?
공이 누린 맑은 복은 되레 하늘의 뜻이어니203)

---

201) 용주 : 조경(趙絅, 1586~1669)의 호다. 본관은 한양(漢陽), 자는 일장(日章), 호는 용주·주봉(柱峯)·간옹(鬝翁), 시호는 문간(文簡)이다. 인조 때 문신이며, 윤근수(尹根壽)의 문인이다. 인조반정 뒤에 유일(遺逸)로 천거되어 병자호란 때 척화(斥和)를 주장했다. 효종 때 청나라가 척화신에 대한 처벌을 요구해 이경석(李景奭)과 함께 백마성(白馬城)에 안치되었다가 풀려났다. 저서로는 《용주유고(龍洲遺稿)》와 《동사록(東槎錄)》이 있다.

202) 후산 : 진사도(陳師道, 1053~1102)로, 팽성(彭城) 사람이며, 자는 이상(履常)·무기(無己), 호는 후산거사(后山居士)다. 북송(北宋)의 시인으로, 비서성정자(秘書省正字) 등을 지냈다. 소문 육군자(蘇門六君子) 중 한 사람이며, 강서시파(江西詩派)의 중요 작가였다.

203) 공이 누린 맑은 복은 되레 하늘의 뜻이어니 : 정도응은 조경이 일찍부터 어머니를 여의고 숙부를 따라 서관을 전전했던 일을 서술하고 있다. 조경의 묘지명에 "공은 선대의 공덕을 받아 태어날 때부터 웅대하고 뛰어난 기상이 있었는데, 돌이 지나자마자 모부인(母夫人)을 여의고 정진(正眞)의 젖을 먹고 자랐다. 임진년(1592, 선조 25)이 되자 부원군 공이 공을 데리고 가서 그 아우 관찰사 이창정(李昌庭) 공에게

세밑의 임천에서 한가로움만 음미하노라.

次龍洲趙公絧謫白馬韻

風節文章軼后山　艱危忍說縶西關
餉公淸福還天意　歲晏林泉一味閒

맡겼는데, 아직 10세도 되지 않은 아이가 어떻게 해서 손에 굳은살이 박이고 발이 부르트도록 위험을 무릅쓰고 서관(西關, 평안도와 황해도) 땅을 전전했는데도 아무 탈이 없었는지 많은 사람들이 기이하게 여겼다(公胚胎前光, 生而有食牛氣象, 才閎晬, 喪母夫人, 乳於正嬪. 及壬辰, 府院公提公而託其弟觀察公, 未十歲兒謂何而能重繭履虎, 轉西關無恙, 人多異之)"라고 되어 있다.

검호204)에서 감회가 일어

구로205)는 찬 물결 위에 날아오르고
송추206)는 저문 언덕을 에워싸고 있네.
한 해 걸러 성묘를 어겼으니
오늘은 그 마음 뭐라 하겠는지….

檢湖感懷

鷗鷺寒波濶 松楸晚壟縈
隔年違展省 今日若爲情

---

204) 검호(檢湖) : 상주(尙州) 근처에 있는 지명(地名)이다. 정도응의 조부인 우복(愚伏) 정경세(鄭經世)의 묘역을 말하는 듯하다. 동춘당(同春堂) 송준길(宋浚吉, 1606~1672)이 지은 정경세의 행장에 따르면, "계유년(1633, 인조 11) 8월 갑신일에 함창현(咸昌縣) 검호(檢湖)가 묘향(卯向)의 언덕에 장사 지냈다(八月甲申, 葬于咸昌縣檢湖之上卯向之原)"라고 했다.
205) 구로(鷗鷺) : 갈매기와 백로.
206) 송추(松楸) : 소나무와 가래나무라는 뜻으로, 묘소 혹은 선영(先塋)의 별칭으로 쓰인다. 묘소에 이 두 나무를 많이 심었던 데에서 유래했다.

일에 느낌이 있어

풍파가 아침저녁으로 일어나니
잘 건너는 이가 뉘일 줄 알리오?
앞길이 더욱 험하다 해서
노를 돌려 더디 가게 하지 말지니.

感事

風波日夕起　利涉知爲誰
前路益云險　莫敎回櫂遲

산장으로 가는 길에 짓다

나귀 타고 느긋이 작은 계곡 가에 가까이하니
지나는 곳마다 봄 든 산에 물색도 새롭네.
눈에 들어온 것은 관물[207]의 흥취가 아닌 것이 없고
붉은 것은 붉게, 하얀 것은 하얗게, 절로 천진[208]이어라.

山庄途中作

策驢徐傍小溪邊　處處春山景色新
觸目無非觀物趣　紅紅白白自天眞

---

207) 관물(觀物) : 고요한 가운데 만물의 현상을 살펴 천지자연의 이치를 조응(照應)해 본다는 뜻이다.
208) 천진(天眞) : 하늘에서 각자 부여받은 순수한 성품을 말한다.

부록

한거잡기

○ 조부209)께서는 겸허하며 낮추고 사양해 스승으로 자처하지 않았기에, 무리를 모아 학문을 강론한 적이 없었다. 가르침을 청하는 사람이 있으면 반드시 매우 정성스럽게 가르쳐 길을 열어 주었다. 유수암(柳修巖)210)도 문하에 종유하면서 편지를 올렸는데 선생이라 칭한 적이 있었다. 조부께서 편지에 답했다. "평소 편지를 쓰면서 늘 '문하'라는 글자를 사용하기에 마음에는 편치 않았지만 감히 고치기를 말

---

209) 조부 : 정경세(鄭經世, 1563~1633)를 말한다. 자는 경임(景任), 호는 우복(愚伏), 시호는 문장(文莊)으로 유성룡(柳成龍)의 문인이다. 1586년(선조 19)에 문과에 급제했다. 1598년(선조 31) 4월에 경상감사가 되었으며 1607년(선조 40)에 대구부사(大邱府使)가 되었다. 저서로 《우복집》을 비롯해 《양정편(養正篇)》, 《주문작해(朱文酌海)》, 《상례참고(喪禮參考)》가 있다.

210) 유수암 : 유진(柳袗, 1582~1635)을 말하는데 정도응의 장인이다. 유진은 본관이 풍산(豐山), 자는 계화(季華), 호는 수암(修巖)이며 유성룡의 아들이다. 광해군 때 김직재(金直哉)의 무옥으로 옥고를 치르고 물러났으나 인조반정 이후 봉화현감(奉化縣監), 청도군수(淸道郡守), 형조정랑, 지평 등을 역임했다. 저서로 《수암집(修巖集)》이 전한다.

하지 못했습니다. 이번 편지의 봉투에 또 감당치 못할 호칭을 사용해, 나를 움츠러들고 부끄럽게 만들어 달아나 피하려 해도 그럴 수 없게 했습니다. 이 뒤로는 바라건대, 이러한 글자를 사용하지 말고 편지에 관직명만을 적어 주면 참으로 서로 아낌이 될 것입니다." 그 뒤에 또 편지했다. "편지 봉투의 호칭은 단지 마음속으로 매우 편치 않은데 어찌 다른 사람이 대처한 바를 논할 수 있겠습니까? 어떠한가요? 주자211)께서 '부자(夫子)'란 글자를 사양했으며, 퇴계212)께서

---

211) 주자 : 남송의 학자 주희(朱熹, 1130~1200)를 말한다. 주희는 자는 원회(元晦)·중회(仲晦), 호는 회암(晦庵)·회옹(晦翁)·운곡노인(雲谷老人)·둔옹(遯翁)이다. 송나라 복건성 우계(尤溪)에서 출생했으며 19세에 진사가 된 후 여러 관직을 지내면서 공자, 맹자 등의 학문에 전념했으며 주돈이, 정호, 정이 등의 유학 사상을 이어받았다. 그는 유학을 집대성했으며 오경의 참뜻을 밝히고 성리학(주자학)을 완성했다.
212) 퇴계 : 이황(李滉, 1501~1570)을 말하는데 그의 본관은 진보(眞寶), 자는 경호(景浩), 호는 퇴계(退溪)·퇴도(退陶)·도수(陶叟)다. 조선 중기 주자 성리학을 심화, 발전시킨 조선의 유학자다. 1548년 단양군수, 풍기군수를 지내다가 이듬해 병을 얻어 퇴계의 서쪽에 한서암을 짓고 공부했다. 이후 성균관대사성으로 임명되고 여러 차례 벼슬을 제수받았으나 대부분 사퇴했다. 1560년 도산 서당을 짓고 독서, 수양에 전념하면서 많은 제자를 길렀다. 선조에게 〈무진육조소(戊辰六條

'선생(先生)'이란 글자를 사양했던 것은 모두 지극한 마음에서 나온 것이지, 짐짓 사양해서 그런 것은 아니었습니다. 더군다나 아무것도 모르는 후학이 실질이 없으면서 그 이름에 근거해 자신의 소유로 여긴다면 함부로 훔치는 자와 무엇이 다르겠습니까?" 겸손한 덕이 이와 같았다.

○ 조부께서 나주 목사가 되어 임지에 도착하자마자, 바로 전라감사로 제수되니 즉시 조정으로 가서 사은숙배(謝恩肅拜)213)했다. 부친께서 홀로 조모를 모시고 돌아오는데, 일행을 단속해 털끝만큼도 폐해가 없게 했다. 집에 이르러 자형을 모셔 와서는 안팎을 다스림에 한결같이 가르침을 따라서 조금도 어긋나거나 허물이 없었으니, 사람들이 모두 찬미하며 말했다. "참으로 노성한 인재다." 진사 정영방(鄭榮邦)214) 어른께서 일찍이 나에게 하신 말씀이다.

疏)〉를 올리고 〈사잠(四箴)〉,《논어집주》,《주역》 등을 진강했으며《성학십도》를 저술해 바치기도 했다.
213) 사은숙배(謝恩肅拜) : 임금의 은혜에 감사하며 공손하게 절을 올리던 일이다.
214) 정영방(鄭榮邦, 1577~1650) : 본관은 동래, 자는 경보(慶輔), 호는 석문(石門)이다. 우복(愚伏) 정경세(鄭經世)의 문하에서 수학했고

○ 수암 공(修巖公)215)의 효성과 우애는 천성에서 나왔다. 학업을 일찍 이루어 경전과 역사에 무젖고 관통해 귀착되는 취지를 궁구했다. 늘 새벽에 자리를 바르게 하고 《중용》과 《대학》을 두루 외우는 일을 일상의 일로 삼았다. 집안을 다스리는 것은 너그러우면서도 예가 있으니, 집안이 숙연했다. 제사를 받드는 것은 매우 삼가서 반드시 대엿새 전부터 재계를 하며 비록 비복(婢僕)216)이라도 목욕해 깨끗이 하고 재갈을 물고서 반찬을 만들도록 했다. 비록 자제와 족당(族黨)이라도 만일 삼가지 않으면 반드시 내쳐서 제사에 참여하지 못하도록 했다.

친족들에게 도탑게 해 곤궁한 집이 혼인과 초상을 치르면 반드시 힘을 다해 보살피고 도와서 비록 자신의 소유가 줄어들어도 근심하지 않았다. 사물을 대하고 사람을 만날 때는 겸손하고 공손하며 온화하고 두터움으로 해서 귀천 때

《중용(中庸)》, 《대학(大學)》, 《심경(心經)》을 배웠다. 29세가 되던 해인 1605년(선조 38)에 진사가 되었는데, 벼슬에 나가려 하지 않고 진성(眞城) 임천동(臨川洞)에 은퇴해 학문으로 일생을 보냈다.
215) 수암 공 : 유진. 주 210 참조.
216) 비복(婢僕) : 계집종과 사내종을 말한다.

문에 틈을 두지 않았으니 표리가 한결같았다.

선한 것을 보면 반드시 칭찬해 미치지 못한 듯이 여겼으며, 남의 의롭지 못함을 들으면 반드시 불쌍히 여겨 깨우쳐 이끌어 주었다. 고을에 있을 때는 기쁘고 공손한 모습을 지극히 했으며, 늘 출입할 때 지나는 곳이 비록 가난한 마을이나 한미한 선비의 집일지라도 참으로 그가 가인(可人)217)이라면 반드시 들러서 찾아보고는 공경함을 다했다.

사람들 중에 찾아오는 이가 있으면 옛사람의 말과 행실로 정성스럽게 권했다. 혹 함께 고금을 담론하면 질리지 않고 끊임없이 말했으며, 혹 술자리를 마련해 기뻐하고 전혀 격을 두지 않았다. 이로 말미암아 어진 자들은 그의 덕을 사모하고 불초한 자들은 그의 의로움을 두려워해 '군자다운 사람'이라고 말하지 않음이 없었다.

閑居雜記

○ 先朝謙虛卑遜 不以師道自居 未嘗聚徒講學 有請敎者 則必諄諄啓迪 柳修巖亦從遊門下 嘗上書稱先生 先祖答書曰 平日書尺 每用文下字 心知未安 而不敢請改 今此籤面 又處以不敢當之號 令人縮惡 欲走避而不得 此後乞 勿用此等字

---

217) 가인(可人) : 호감을 불러일으키는 인물로 어진 인물이다.

只書官稱 乃爲眞相愛也 其後又書曰 書面之稱 只心中大不安 何可論他人所處 如何耶 朱子辭夫子字 退溪辭先生字 皆發於 至情 非故爲謙讓也 況後學空空無實 而據其名 爲己有 則與 僭竊者 何以異耶其撝謙之德類此

o 先朝爲羅州牧 纔到任 旋拜本道監司 卽趨朝肅謝 先公 獨侍母夫人發還 鈐束一行 無絲毫浼 至家迎姊壻 經紀內外 一遵敎訓 少無違忤 人皆嘆美曰 眞老成才也 鄭進士榮邦丈 嘗爲余言

o 修巖公孝友出天 學業夙成 淹貫經史 心究其歸趣 每曉 整坐 遍誦庸學 日以爲常 治家寬而有禮 門庭肅然 奉祭祀甚 謹 必宿齋五六日 雖婢僕亦令沐浴 致潔舍校執饌 雖子弟族黨 如或不謹 則必黜之不得與祭 篤於睦族 婚喪窮困 必竭力賙救 雖傾已所有不恤也 接物遇人 謙恭和厚 無間貴賤 表裏如一 見善必稱道 如不及 聞人非義 必矜憐而開導之 處鄉黨極其油 油 每出入經過 雖窮村寒士 苟其可人 必歷訪致恭 人有過從 者 則拳拳勉之以古人言行 亹亹不厭 置酒交 懽絕無畦 畛由是賢者 慕其德不肖者畏其義 莫不曰君子人也

자의[218] 정봉휘를 전송하는 서[219]

홍여하

　나의 벗 정봉휘(鄭鳳輝)는 우복(愚伏)[220] 선생의 손자다. 선생의 맏아들 내한 공(內翰公)[221]은 선생보다 먼저 세상을 떠났다. 선생이 돌아가실 때 봉휘는 겨우 약관(弱冠)이었지만 슬픔 속에서도 스스로 자신을 세우고 학문에 뜻을 두어 더욱 굳세고 각고의 노력을 기울였다. 일찍이 무첨(無

---

218) 자의(諮議) : 세자시강원의 정7품 관직이다. 세자시강원은 조선시대 왕세자의 교육을 담당하기 위해 설치되었던 관서다.
219) 1649년(효종 즉위) 국가에서 당시 동궁을 보필하고 양육하기 위해 당대의 뛰어난 인물을 선발했는데 정도응이 발탁되었다. 그가 32세로 세자시강원 자의에 임명되어 7월에 임금의 부름을 받고 한양으로 출발할 때 친구인 홍여하가 정도응을 위해 그의 자호인 '무첨(無忝)'의 뜻을 추론해 증서를 지어 주었다.
220) 우복(愚伏) : 정경세(鄭經世, 1563~1633)의 호다.
221) 내한 공 : 정도응의 부친인 정심(鄭杺, 1597~1625)을 가리킨다. 그는 1625년(인조 3) 3월 15일 천연두에 걸려 그달 28일에 서학동(西學洞) 집에서 졸했다.

忝)222)이라 집에 편액을 걸고 나에게 기문을 부탁한 적이 있다. 나는 응낙했지만 오랫동안 들어주지 못했다. 이윽고 봉휘는 문학과 행의(行義)로 나날이 이름이 났으며, 조정에서 선생의 후손을 기록해 올리라는 말이 있었다. 지금의 성상께서 사표를 매우 그리워했기에 조용히 물러난 이들을 돌아보고 춘방(春坊)223)의 관원으로 편입해 정결함을 연마하는 청절(淸節)한 선비로 대우했는데, 봉휘도 이 선발에 들었으니, 영광스럽도다. 나는 생각건대, 선대부224)께서 선생의 문하에 책 상자를 짊어지고 가셨고, 내한 공은 또 선대부를 따랐으니 세대를 이어 교유한 우의를 알 수 있다. 그를 보내는데 어찌 한마디 말이나 반 줄 글이 없이 전송하겠는가? 게다가 전날의 응낙이 있었음에랴. 시험 삼아 무첨(無忝)의 뜻을 부연해 증서(贈書)로 삼는다.

---

222) 무첨(無忝) : 조상을 욕되게 하지 말라는 뜻으로, 《시경》〈군아(君牙)〉의 "내 날로 매진하거든 너도 달로 매진하라. 일찍 일어나고 밤늦게 자서 너를 낳아 주신 분을 욕되게 하지 말라(我日斯邁, 而月斯征. 夙興夜寐, 無忝爾所生)"라는 말에서 유래했다.
223) 춘방(春坊) : 왕세자만을 위한 교육 기관인 세자시강원(世子侍講院)을 말한다.
224) 선대부 : 홍여하의 부친 홍호를 가리킨다.

옛날의 군자가 누군들 그 자손들이 몸가짐을 검속하고 행실을 삼가 키와 갖옷225)을 잘 계승하길 바라지 않겠으며, 그 자손 된 자는 누군들 입신양명해 문호를 더욱 넓히려고 하지 않았겠는가? 하지만 영광을 더한 이도 간혹 있었지만, 전통을 실추한 이도 또한 많았으니, 그 까닭은 다름 아니라 나태와 공경, 그리고 의리와 이익의 사이에 달려 있을 따름이다.

나는 옛사람 중 조상이 어질면서 후손 또한 어진 이들을 세 명 아는데, 자사(子思)의 후손 공빈(孔斌)226)과 양진(楊震)의 후손 양사(楊賜)227)와 도간(陶侃)의 후손 도잠(陶

---

225) 키와 갖옷 : 원문은 '기구(箕裘)'. 대를 이어 부조(父祖)의 업(業)을 잇는 것을 이른다. 《예기》〈학기(學記)〉에 "훌륭한 대장장이의 아들은 반드시 갖옷 만드는 것을 배우고, 훌륭한 활 만드는 사람의 아들은 반드시 키 만드는 것을 배운다(良冶之子, 必學爲裘, 良弓之子, 必學爲箕)"라는 말이 있다.
226) 공빈(孔斌) : 전국 시대 위나라 사람이며 자는 자순(子順)이다. 전국 말기에 위 안희왕의 재상이 되었다. 공자(孔子)의 6세손으로 처음에 위왕의 부름을 받고 조정에 갈 때 위왕은 교외에서 그를 영접했다. 공빈은 쓸데없이 왕의 총애만 바라거나 할 일 없는 관직 등을 과감하게 척결했다. 《자치통감(資治通鑑)》참조.
227) 양사(楊賜) : 후한(後漢) 사람 백헌(伯獻)의 자다. 그의 집안은 양진에 이어 아들 양병(楊秉), 손자 양사(楊賜), 증손자 양표(楊彪), 현손

潛)228)이다. 자순(子順)은 1000섬의 녹봉(祿俸)을 지푸라기처럼 보았으며, 백헌(伯獻)은 대대로 충정(忠貞)이 독실했으며, 원량(元亮)은 뒤의 왕조에 굽힘을 부끄러워했다. 모두 공경과 삼감과 게으르지 않은 덕이 없었으면 불가능했기에 "이러한 조상이 있었기에 이러한 후손이 있었다"라고 할 만하다.

그 조상이 어진데도 후손이 불초한 이를 나는 다섯 명 아는데, 순숙(荀淑)의 후손 순욱(荀彧), 양사(楊賜)의 후손 양수(楊修), 이광(李廣)의 후손 이능(李陵), 정현(鄭玄)의 후손 정소동(鄭小同), 사안(謝安)의 후손 사영운(謝靈運)이다. 문약(文若)은 조만(曹瞞)에게 절조를 잃었고,229) 덕조(德祖)는 동아(東阿)에서 몸을 맡겼으며,230) 교유(交遊)는

자 양수(楊脩)가 모두 고관을 지냈다. 《후한서(後漢書)》 참조.
228) 도잠(陶潛) : 위진 남북조의 시인이며 자가 원량이다. 그는 진(晉)이 망하고 송(宋)이 건국되자 절의를 지켜 전원에 은거하며 세상에 나오지 않았다. 《도정절집(陶靖節集)》 참조.
229) 문약(文若)은 조만(曹瞞)에게 절조를 잃었고 : 문약(文若)은 후한(後漢) 순욱(荀彧)의 자다. 조만(曹瞞)은 삼국 시대 조조(曹操)로, 어릴 때 그의 자(字)가 아만(阿瞞)이었기 때문에 이렇게 불렀다. 순욱은 절개를 굽혀 조조(曹操)의 막하(幕下)로 들어가 분무사마(奮武司馬)를 지냈다. 《삼국지(三國志)》 참조.

농서(隴西)에 대해 말하기를 부끄러워했고,231) 소동(小同)232)과 강락(康樂)233)은 벼슬길에 나아가서는 위진(魏晉)의 순수한 신하가 되지 못했고 물러나서는 자신을 보전하는 지혜가 없었다. 이는 모두가 단지 이로움이 이로움 됨만을 알았고 다시 의로움이 있음을 알지 못했기 때문이니, 이른바 "그 조상을 욕되게 한다"고 할 만하지 않은가?

---

230) 덕조(德祖)는 동아(東阿)에서 몸을 맡겼으며 : 덕조(德祖)는 후한 양수(楊修)의 자다. 동아(東阿)는 지금의 산둥성(山東省)에 있었던 현 이름이다. 양수는 동아에서 조조의 신하가 되었으나, 조비(曹丕)를 추대했다는 이유로 조조에게 죽임을 당했다.《자치통감 강목(資治通鑑綱目)》참조.

231) 교유(交遊)는 농서(隴西)에 대해 말하기를 부끄러워했고 : 교유(交遊)는 후한 농서도위(隴西都尉)를 지낸 이능(李陵)의 자로, 한 무제의 명으로 흉노에 사신으로 갔다가 19년 동안 유폐되었다. 후대의 역사에 같이 유폐되었던 소무(蘇武)는 절개를 지킨 것으로, 이능은 절개를 잃은 것으로 평가되었다.《한서(漢書)》참조.

232) 소동(小同) : 정현의 손자로, 정현의 독자(獨子) 정익은(鄭益恩)이 황건적(黃巾賊)의 난에 죽은 뒤 손자의 손금이 자기를 닮았다 해서 이름을 소동(小同)이라 지었다. 정소동은 왕망(王莽)이 정권을 잡았을 때 출사해 후대의 비난을 받았다.《진서(晉書)》참조.

233) 강락(康樂) : 육조(六朝) 송나라 사영운(謝靈運)의 봉호로, 그는 처음 영가태수(永嘉太守)가 되어 산수(山水)를 따라 놀며 정무(政務)를 돌보지 않아 탄핵되었다.《송서(宋書)》참조.

지금 우리 노선생[이황(李滉)]의 학문 연원은 거슬러 올라가 공자234)에 닿아 있다. 백기(伯起)235)와 강성(康成)236) 이하 제공들은 나란히 할 수 없으니, 봉휘는 더욱 감발(感發) 흥기하고 힘써 분발해야 한다. 이 세 사람에 대해서는 나란하기를 생각하고 저 다섯 사람에 대해서는 경계로 삼을 것을 생각해야 할 것이다. 의를 먼저하고 이로움을 뒤로하며 공경하면서도 게으름이 없게 하기를 과연 할 수 있다면 '무첨(無忝)'의 뜻에 가까울 것이다.

게다가 고상한 선비를 귀하게 여기는 까닭은 종신토록 뜻을 굽히지 않음이 최고이기 때문이로다. 여기서 한 등급을 내려 한번 벼슬길에 나감을 면하지 못한다면, 응당 왕의 업무와 백성의 일에 마음을 다할 겨를도 없을 것이다. 구구하게 물러남 구하기를 고상하게 여기고 오고 가는 번거로움

---

234) 공자 : 원문은 '수사(洙泗)'. 산동성 곡부현 사수(泗水)와 그 지류 수수(洙水)를 말한다. 공자가 사수와 수수 사이에서 제자를 가르쳤으므로 공자를 가리키는 호칭이 되었다.
235) 백기(伯起) : 후한(後漢) 사람 양진(楊震)의 자로, 그는 학문을 좋아해 관서 공자(關西孔子)로 불렸으며, 청백리로 이름이 높았다. 《후한서(後漢書)》 참조.
236) 강성(康成) : 후한(後漢) 사람 정현(鄭玄)의 자다. 그는 마융(馬融)의 학문을 전수해 경서 주석서를 남겼다. 《후한서(後漢書)》 참조.

을 꺼리지 않는 이러한 사람은 내가 취할 것이 없다. 하물며 지금은 성스럽고 밝은 임금께서 재위해 효로 다스림이 막 새로워지기에 중국과 사이(四夷)[237]도 반드시 감동할 것인데, 하물며 우리 신하들이랴.

여러 은거하던 선비들이 소문을 듣고 사모하면서 궐하(闕下)에 나아와 우리 임금을 요순이 되게 해 역사에 이름을 드리우기를 바라고 있다. 이러한 기회를 만났는데도 문득 떠나려고만 한다면 이는 이른바 "숲속에서 한 가지 절개만 지키는 선비가 저 출처의 뜻을 살피지 않는다"는 것이다. 만약 우리가 봉휘에게 바라는 것이 있다면, 그것은 여기에 있지 않다. 한 가지 절개에 국한되지 말고, 작은 이룸을 편안히 여기지 말고, 순수하게 순유(醇儒)의 도로 자신을 다스려서 출처의 큰 절의는 한결같이 노선생[이황]을 모범으로 삼은 연후에야 참으로 무첨이 될 것이다.

送鄭諮議鳳輝序

吾友鄭鳳輝甫 愚伏先生之孫也 先生之胤內翰公 先先生卒 先生卒 鳳輝纔弱冠 痛自樹立 志學彌堅苦 嘗以無忝 扁其

---

237) 사이(四夷) : 중국을 둘러싼 사방의 나라를 말한다.

齋 屬余記 余諾而宿焉 旣而 鳳輝文學行義日有名 朝廷用先生後錄之辭 今聖上遹懷典刑 爰眷恬退 添春坊員 以待修姱淸節之士 而鳳輝膺是選 榮矣哉 余惟先大夫 負笈於先生之門 而內翰公 又從先大夫遊 世誼可知已 其於贈處 烏可無一言半辭相送 而況有前日之諾乎 試演無忝之義以爲贈 古之君子 孰不欲其子孫飭躬謹行 以善業其箕裘 爲其子孫者 孰不欲立身揚名 以益大其門戶 然增光者或有 而墜緖者亦多 其故無他 在怠敬義利之間而已矣 古之人 其祖賢而其孫又賢者 吾得三人焉 子思之孫曰斌 楊震之孫曰賜 陶侃之孫曰潛 于順 芥視千鍾 伯獻 世篤忠貞 元亮恥屈後代 皆非有敬謹不怠之德 莫之能也 可謂有是祖而有是孫矣 其祖賢而其孫不肖者 吾得五人焉 荀淑之孫曰彧 楊賜之孫曰修 李廣之孫曰陵 鄭玄之孫曰小同 謝安之孫曰靈運 文若失身於曹瞞 德祖委質於東阿 交遊羞道於隴西 小同康樂 進不得爲魏晉之純臣 而退無保身之智 是皆徒知利之爲利 而不復知有義故也 非所謂忝厥祖者乎 今我老先生淵源之學 溯接洙泗 非伯起康成以下諸公所可班 則鳳輝宜益有所感發興起 淬濯奮勵 於是三人者 思所以齊焉 於彼五人者 思所以戒焉 先義而後利 克敬而無怠 果能是其於無忝之義 殆庶矣乎 且夫所貴於高蹈之士者 終身不屈最高歟 降此而未免於一出 則當盡心於王務民事之不暇 顧屑屑焉以求退爲高 往來不憚煩 若是者 吾無取焉爾 矧今聖明在上 孝理方新 中國四夷 亦必感動 而況吾臣子乎 庶嚴穴之士 聞而慕之 願進於闕下 致君堯舜 垂名竹帛 斯其會也 而輒求去 是乃所謂山林一節之士 非審夫出處之義者也 若吾輩之所以望於鳳輝者 則不在此 毋局於一節 毋安於小成 粹然以醇儒之道自

律 出處大節 一以老先生爲法 然後斯爲眞無忝也已

해 설

　이 책은 무첨재(無忝齋) 정도응(鄭道應, 1618~1667)의 문집에서 시를 골라 엮은 시선집이다. 정도응은 본관이 진주이며, 자는 봉휘(鳳輝), 호는 무첨재(無忝齋)·휴암(休庵)이며, 1618년 12월 6일 부친 정심(鄭杺)과 모친 여강 이씨 사이에 태어났다. 가문은 여말에 진주 지역에서 상당한 사회적 기반을 갖추고 있었다. 이들이 상주와 지연을 맺게 된 계기는 여말에 정도응의 10대조였던 정택(鄭澤)이 상주판관을 지내면서 비롯했다. 그의 아들 정의생(鄭義生)이 상주 초전리에서 태어났고, 훗날 그가 당시 상주의 토호였던 김득제(金得齊)의 딸과 혼인을 맺게 되면서부터 본격적으로 이곳에 정착하게 되었다. 이후 정도응의 조부 정경세에 이르러 가문의 정점을 이루게 되었다. 정경세는 유성룡의 고제자로 퇴계 이황에서 서애 유성룡으로 이어지는 영남학맥의 한 부분을 차지하게 된다.
　정도응의 연보·행장·묘갈 등을 보면, 그의 학문 수학에 가장 많은 영향을 끼쳤던 이는 바로 조부 정경세였다. 아울러 정경세와 학연이 있거나 정도응과 친인척 관계였던 인물들이 역시 그에게 영향을 주었다. 예를 들면 조희인(曺希仁), 홍호(洪鎬), 노준명(盧峻命), 정헌세(鄭憲世), 송준길(宋浚吉) 등이 그들이다. 정도응이 여덟 살 때 아버지 정심이 29세의 젊은 나이에 천연두로 하세하자, 홀어머니의 슬하에서 자랐다. 이후 그는 조부의 특별한 관심과 가르침을 받게 되었다. 그의 문집에 수록된 잡저를 보면 당대 여러 인물을 평가하는 자리에서 조부에 대한 기록이 어느 누구보다 많은 부분을 차지하고 있음이 이를 잘 반영하고 있다.

정도응이 본격적으로 수학한 시기는 12세 때 노준명의 문하에 나아가면서 시작되었다. 노준명은 노수신(盧守愼)의 증손이자 정도응의 고모부였던 노석명의 아우였다. 그는 1630년에 당시 이조판서로 있던 정경세의 천거로 활인서 별제가 되었으며, 성균관전적, 성균관직강, 홍원현감, 안변부사, 울산부사 등 내외직을 두루 지냈다. 정도응이 일찍이 아버지를 여의고 부모처럼 의지하며 많은 가르침을 받았던 인물이다.

또한 정도응의 학문과 사상에 많은 영향을 끼쳤던 인물은 바로 그의 고모부였던 송준길이었다. 조부인 정경세는 생전에 이미 정도응의 수학을 자신의 사위였던 송준길에게 부탁했고, 송준길은 마음을 다해 그를 가르쳤다. 송준길의 이러한 세심한 가르침은 그가 상주에 살았던 시기에 주로 이루어졌다. 특히 당시 혼란한 정치적 상황에서 재능을 감추고 세상에 적극적으로 나아가기보다는 먼저 자신의 몸을 잘 보전할 것을 경계했다. 훗날 영남 남인들이 정치적 굴곡이 심했는데도 남인의 입장에 있던 정도응이 평탄했던 것은 그를 위한 송준길의 세심한 배려와 가르침의 영향이 컸을 것이다.

이와 같이 정도응은 친가, 외가, 처가 모두 영남 지방에서 명망이 있는 집안이었다. 하지만 여덟 살 때 아버지를 여의었고, 열여섯 살에는 할아버지를, 스물한 살에는 할머니를 여의었고 그 이후로는 홀어머니를 모시고 살았다. 스물한 살에 유성룡의 아들인 유진의 딸과 결혼했지만 장인마저 세상을 떠난 뒤였다. 이러한 상황은 그의 삶에 많은 어려움을 제공했을 것이다. 또한 한 집안의 가장으로서 모든 종사를 책임지고 처리해야 하는 큰 부담도 갖고 있었을 것이다. 그러나 그는 학문에 뜻을 두고 깊이 사색했고 벼슬길에 나아가기보다는 주로 전원에 은거하면서 항상 자기 수양의 자세를 견지했다.

문집인 《무첨재집》은 1911년 후손 정철우(鄭喆愚)가 편집해 간행했는데 문집의 간행이 비교적 늦은 편이다. 이미 젊어서부터 명유들과 교유하며 시문을 창작했지만 현재 문집에 수록된 글의 양은 그리 많은 편이 아니다.

문집의 체재는 일반적인 문집 편차를 따랐고, 모두 4권 2책으로 구성되었다. 권1은 한시가 수록되어 있는데 총 175제 256수다. 권2는 문(文)으로 소(疏) 3편, 서(書) 5편, 제문(祭文) 9편, 묘지(墓誌) 5편, 행록(行錄) 1편이 실려 있다. 권3에는 잡저인 〈한거잡기(閒居雜記)〉가 실려 있다. 그리고 권4에는 정도응 자신의 글이 아니라 다른 사람들의 글이 들어 있는데, 부록으로 연보, 행장, 묘지, 만사가 실려 있다. 권4의 연보는 누가 작성했는지 알 수 없으나 행장은 그의 현손인 입재 정종로(鄭宗魯)가 엮었으며, 묘지는 그의 5대손인 정상극(鄭象屐)이 지었다.

권1의 한시 작품을 주제별로 나누어 보면 몇 가지 특징적인 면이 있다. 우선, 출처와 충효에 대한 내적 갈등을 토로한 한시 작품이 많은 편이다. 유교 이념을 표방했던 조선 시대에 학문을 수학했던 유자라면 누구나 한 번쯤 자신의 출처의 문제에 고민했다. 정도응 역시 유자로서 이런 문제에서 자유로울 수 없었다. 물론 그는 벼슬길에 나아가기 위해 과거에 적극적으로 대응하지는 않았다. 그는 벼슬길에 나아갈 수 있는 몇 차례의 기회를 얻었지만, 은자적 삶으로 여생을 마칠 것을 작품에서 토로하고 있다. 거취 문제에서 늘 충과 효에 대해 고민한 흔적이 보인다.

둘째, 은자의 삶의 표출과 산수의 유상(遊賞)을 드러낸 작품이다. 그의 한시 작품 중에 가장 많은 부분을 차지하는 것이 바로 귀거래와 자연을 유상하는 것에 대한 열망과 실현이었다. 그는 수차례 내·외직에 천거되었지만, 실제로 벼슬에 나아간 것은 몇 해에 지나지 않는다. 그것도 내직보다는 외직이 대부분인 셈이다. 전술했듯이 거취 문제에서 현실에 적극적으로 나아가기보다는 은자적 삶을 갈망해 삶의 넉넉한 즐거움을 찾아 살아가고자 하는 의지를 드러내고 있다. 그의 시는 자연에서 얻은 홍취를 드러내고 있으며 이러한 홍취는 탈속한 은자만이 감지할 수 있는 것들이 대부분이다.

셋째, 위기지학(爲己之學)[238]을 통한 선비 정신이 함양된 작품이다. 선비는 외물의 지배를 받지 않는 것이다. 그의 학문은 남에게 보여 주기 위한 것이 아니라 자기 수양을 우선으로 하고 있다. 이러한 자기 수양을 통해서 자신의 주체

---

[238] 위기지학(爲己之學) ; 자신의 내면에 가진 인의도덕(仁義道德)을 닦는 학문으로, 남에게 알려지기 위해 하는 위인지학(爲人之學)과 대칭되는 말이다. 공자가 "옛날의 학자는 자신을 위해 공부했는데, 지금의 학자는 남을 위해 공부한다(古之學者爲己 今之學者爲人)"라고 했다. 《논어》〈헌문(憲問)〉 참조.

성을 확고히 하고 있었던 것이다. 이러한 생각을 작품에 오롯이 남기고 있다.

권2에 수록된 작품은 대부분 산문 문체로서 일상생활에서 필요한 실용문들이다. 소는 모두 3편인데, 〈사자의소(辭諮議疏)〉, 〈진정걸귀소(陳情乞歸疏)〉, 〈걸수급마지명소(乞收給馬之命疏)〉 등이 있다. 편지는 송준길, 이재박(李在博), 이재용(李在容), 정타(鄭檿) 등에게 안부를 묻는 글이다. 이 가운데 송준길에게 보낸 편지에는 조부의 문집을 인출해 보낸다는 내용이 있다. 제문은 조부 또는 자신과 평소 교유했던 지인들의 죽음을 애도한 글인데, 상주, 문경, 함창 등에 대대로 세거했던 가문들과의 인적 교유망을 살펴볼 수 있는 중요한 자료다.

권3은 잡저인데, 그는 평소 일상에서 보고 듣고 느꼈던 것을 기록했다. 그의 관심사와 의식 세계를 파악할 수 있는 중요한 자료다. 예를 들면, 평소에 조부를 비롯해 주위 사람들에게 들은 역사적 사실이나 기록에 남아 있는 역대 인물 가운데 관심 있는 부분을 기록했고, 아울러 한시 작품 가운데 뛰어난 작품이 있으면 반드시 자신의 시평을 덧붙여 비평하기도 했다. 잡저에서 우선 가장 주목할 만한 항목은 자신의 집안 인물에 대한 생전 기록과 이에 대한 자신의 평가를 나름대로 덧붙인 부분이다. 이 가운데 조부와 숙부에 대한 기록이 많다. 그리고 다른 인물에 비해 자신의 장인이었던 유진에 대한 호평이 많은 편이다. 다음은 조부의 벗이나 조부를 종유했던 인물에 대한 평가가 많다. 이 가운데 이전(李㙉)과 이준(李埈)에 대한 평가가 특히 많다. 다음은 역대 인물을 평가하면서 각 인물의 출처를 구체적으로 언급했다. 평가 대상 인물은 출사형 인물보다는 은둔형 인물이 많다. 조부의 문하에 있었으며 자신의 친구였던 홍여하의 부친인 홍호의 삶에 대해서도 호평을 했다. 홍호를 세상에 나아가기보다는 물러나기를 좋아해 시류에 편승하지 않는 무주의 삶이라 호평한 것이다. 그의 이러한 인물평은 탈세적인 정서를 가졌던 자신의 출처관과도 일맥상통한다. 권4는 부록으로 정도응의 생평을 기록한 연보를 비롯해 행장, 묘지, 그리고 사후에 타인이 지은 만사 등이 수록되어 있다.

이 책은 정도응의 시를 가려 뽑아 정리한 책으로 문집의 편차에 맞춰 진행했다. 문집의 시편들은 연대순으로 편차한 것이 아니고 어떤 형식에 따라 분류했는지 찾을 수 없다. 그러나 필자는 시편들을 다양하게 선별해서 정도응을 바르게 이해하는 데 도움이 되고자 했다.

정도응은 자신이 평생 동안 쌓았던 학문과 남다른 가문의 배경으로 벼슬길에 나아가 가문을 빛내고 양명할 수 있는 충분한 기회가 있었다. 하지만 그러한 기회가 있을 때마다 사직소를 올려 세상에 나아가기보다는 대부분 은자적 삶을 택했다. 그의 시도 은자적 삶을 토로하는 것이 많았는데 아래 시에서 이러한 모습을 읽을 수 있다.

> 봄날이거니 바람이며 햇볕이 따스하고
> 좋은 시절이라 애오라지 쉴 만해라.
> 홀연히 사천의 시구를 찾아
> 저 옛날 팽택의 유람을 좇는다네.

정도응이 1665년에 창작한 것이다. 도잠이 37세 되던 해 율리(栗里)와 가까운 사천(斜川)에 나가 노닐면서 지은 시에 차운한 것이다. 그는 도잠의 은자적 삶을 흠모해 평생 은거한 삶을 살고자 했다. 이 외에도 그는 가문의 명성에 누가 되지 않도록 생활하고자 했는데 이러한 삶에 대한 정신은 자신의 호인 '무첨'에 잘 나타나고 있다. 무첨은 늘 노력해서 부모를 욕되게 함이 없는 것을 말한다. 그래서 그가 늘 충과 효에서 고민한 흔적이 드러난다.

> 백 근을 난쟁이에게 강요하고
> 버텨 낼지 못 버틸지 묻지 말라.

짐을 진 자가 가벼운지 무거운지는
오직 짐을 진 자만 알리라.
내 어찌 학문을 닦는 사람으로
헛된 명성에 되레 몸을 그르치리오?
평생토록 충, 효를 원했는데
오늘날 둘을 펴기 어렵구나.
나는 모기는 산을 짊어지기 어렵고
노둔한 자질이 어찌 천리마가 되리오?
세상에 알아주는 이 적어
스스로 한탄하고 또한 스스로 부끄럽네.
그저 어머니 생각으로 괴롭지만
군주를 사랑하는 정성은 없지 않다네.
[어머니 계신] 상주와 [임금 계신] 한양이
끊임없이 모두 마음에 걸린다네.

끝으로 《무첨재집》은 번역 작업이 이루어졌지만 크게 주목받지 못하고 있다. 그에 대한 자료는 17세기 상주, 문경, 함창 등에 활동했던 문인들을 밝히고 지역 사족으로서 삶의 모습을 살펴볼 수 있는 중요한 자료다. 그리고 지역 문인들을 한 사람 한 사람 찾아 읽어 가는 작업은 아직 학계에 드러나지 못한 문인들을 밝히는 출발이라고 생각한다. 앞으로 정도응을 비롯해 17세기 상주, 문경, 함창 등의 지역 문인에 대한 탐구가 활발히 이루어지기를 바란다.

 필자는《무첨재집》을 지만지한국문학에서 편찬한《목재 시선(木齋詩選)》,《가암 시집(可庵詩集)》의 번역 작업을 하던 중에 접하게 되었다. 정도응은《목재 시선》의 홍여하,《가암 시집》의 전익구와 밀접한 관련이 있었으며, 그들과의 교유를 살피면서《무첨재집》을 찬찬히 읽게 되었다. 그러던 중에 일반 독자들에게 쉽게 접할 수 있도록 시를 가려 뽑아 시선집을 내는 것이 좋겠다는 권유가 있었다. 그래서 옛사람의 삶에서 우리의 삶에게 전해 주려고 하는 메시지를 찾아 이 책에 담으려고 했다. 부산하게 보내는 일상 때문에 우리는 어디론가 향해 가면서도 어디로 가는지 제대로 모르고 있지는 않는지, 나에게 중요한 것은 무엇인지 등 불안정한 우리의 삶을 돌아보고자 선정했다. 삶에 대한 거창한 해답은 아니어도 작은 위로가 되었으면 하고 생각하면서 이 책을 엮었다. 시를 번역하는 데 조금이라도 오류를 줄이기 위해 지도 교수인 김승룡 선생님께서 바쁜 일정 중에도 정성 들여 첨삭해 주셨고 마지막까지 정성을 쏟아 주셨다. 진심으로 감사드린다. 그리고 어려운 출판 상황에도 기꺼이 출간을 맡아 준 지만지한국문학, 서툰 원고를 예쁘게 편집해 준 편집부에 감사드린다.

《무첨재집》은 2012년 한국국학진흥원에서 번역이 이루어졌다. 이 번역을 참조하며 읽어 가되, 그사이 체득한 내용을 조금씩 첨가하고 기존 번역을 수정하며 의미를 다듬었다. 혹여라도 앞서 《무첨재집》을 번역한 분들께 누가 되지 않을까 걱정이다. 너그러운 마음으로 양해를 바라며 혹시 잘못되거나 부족한 부분이 있다면 앞으로 공부하면서 수정해 나갈 것이다.

    열심히 날갯짓하며 시우재(時羽齋)에서 쓰다.

지은이 연보

1618년(광해군 10) 1세 12월 6일에 상주
　　　율리(尙州栗里)에서 태어나다.
1624년(인조 2), 7세 조부 정경세에게 《사략(史畧)》을
　　　배우다.
1625년(인조 3), 8세 부친 정심(鄭杺)이 졸하다.
1627년(인조 5), 10세 부친상을 마치다.
1629년(인조 7), 12세 노준명(盧峻命)에게 수학하다.
1633년(인조 11), 16세 2월, 조부가 자(字)를 짓다.
　　　6월, 조부가 졸하다.
　　　9월, 장례 때 조정에서 예관(禮官)을 파견하다.
　　　송준길(宋浚吉)에게 글을 올려 묘제에 대해 논하다.
1635년(인조 13), 18세 6월, 이준(李埈)이 사망해 곡하다.
　　　8월, 조부상을 마치다.
　　　10월, 조모 진성 이씨가 사망해 곡하다.
1637년(인조 15), 20세 《주서(朱書)》를 읽다.
　　　12월, 조모상을 마치고 송준길에게 글을 올려
　　　길제(吉祭)에 대해 논하다.

1638년(인조 16), 21세 2월, 유진(柳袗)의 딸에게 장가들다.

1639년(인조 17), 22세 2월, 방백(方伯)이 마련한 자리에
나아가 강토(講討)하다.

1644년(인조 22), 27세 명나라가 망하다.

1645년(인조 23), 28세 8월, 홍호(洪鎬)가 사망해 곡하다.

1646년(인조 24), 29세 4월, 아들 석교(錫僑)가 태어나다.

1647년(인조 25), 30세 이전(李㙉)을 찾아뵙다.

1648년(인조 26), 31세 봄, 선유동을 유람하다.

9월, 대부인을 모시고 동경(東京)에 가다.

12월, 유일(遺逸)로 천거되어

내시부교관(內侍府敎官)에 제수되다.

이전(李㙉)이 사망해 곡하다.

1649년(인조 27), 32세 1월, 홍여하(洪汝河)가 내방하다.

29일, 도성에 들어가 사은(謝恩)하다.

2월, 천연두를 앓는다고 아뢰고서 고향으로
돌아오다. 송준길을 찾아뵙고 정경세의 연보를
교정하고서 머물며 가례(家禮)를 강론하다.

심대부(沈大孚)를 찾아뵙다. 부사용(副司勇)이
되다.

4월, 매악 서숙(梅嶽書塾) 낙성회(落成會)에
갔다가 월호대(月湖臺)에 배를 띄우다. 11일,

대군사부(大君師傅)에 제수되다.

5월, 홍여하가 내방하다. 8일, 인조(仁祖)가 승하하자 존애당(存愛堂)에서 거애(擧哀)하다.

6월, 세자시강원자의(世子侍講院諮議)에 발탁되어 임명되다.

7월, 소명(召命)을 받들어 도성에 들어가 사은(謝恩)하다. 소를 올려 사양했으나 윤허받지 못하다. 재차 사직소를 지었으나 올리지 못하다.

8월, 김응조(金應祖)가 내방하다.

9월, 발인(發引) 때 배제관(陪祭官)으로 곡송(哭送)하고 어가를 따라 돌아오다. 하관할 때 대궐 뜰에서 망곡례(望哭禮)를 행하다.

반우(反虞)할 때 어가를 모시고 교외에 나가서 영곡(迎哭)하고 어가를 따라 돌아오다.

조경(趙絅)을 찾아뵙다.

10월, 사부(師傅) 이욱(李稶)의 궤연(几筵)에 가서 곡하다. 친병(親病)을 아뢰고 고향으로 돌아오다.

12월, 또 병장(病狀)을 아뢰다.

1650년(효종 1) 33세 5월, 홍여하를 방문하다.

6월, 도남 서원(道南書院)을 찾아 팔선생(八先生)[정몽주(鄭夢周)·김굉필(金宏弼)·

정여창(鄭汝昌)·이언적(李彦迪)·이황(李滉)·노수신(盧守愼)·유성룡(柳成龍)·정경세(鄭經世)]의 사당을 배알하다.

8월, 조씨(曺氏)의 관례(冠禮)에 손님으로 참석하다. 옥성 서숙(玉成書塾)에 모여 정경세의 문집을 교정하다. 홍여하가 내방하다.

9월, 산장에 들어가다.

1651년(효종 2), 34세 2월, 아들 석현(錫玄)이 태어나다. 심대부를 찾아뵙다.

4월, 매호(梅湖)에 갔다가 인해서 홍여하를 방문하다.

5월, 인조의 대상(大祥)에 옥성 서숙에 가서 망곡(望哭)하고 복을 마치다.

8월, 도남 서원을 찾다. 옥봉(玉峯)과 사담(沙潭) 등을 유람한 후 반야사(般若寺)에 유숙하고 냉천(冷泉)을 찾다.

9월, 이일규(李一圭)를 곡하다. 매호를 찾아 심대부 어른을 모시고서 배를 띄워 달을 감상하다. 연악(淵嶽)을 찾아 구곡(九曲)을 감상하다. 성불암(成佛庵)과 감장암(甲帳庵)을 찾았다가 사인암(舍人庵)과 향로봉(香爐峯) 등지에 오르다.

10월, 신석번(申碩蕃)이 내방하다. 대부인을
모시고 동경에 가서 옥산 서원을 찾아 이언적
선생의 사당을 배알하다.

12월, 김중현(金重鉉)의 관례에 자를 지어 주다.

1653년(효종 4), 36세 5월, 선묘(先廟)를 수리하다.

심대부가 내방하다.

3월, 송광식(宋光栻)이 내방하다.

5월, 심대부가 내방하다.

8월, 조한수(趙漢叟)에게 시집간 누이를 곡하다.
양주(楊州) 도봉 서원(道峯書院)을 찾아
조광조(趙光祖) 선생의 사당을 배알하다. 조경을
찾아뵙고 정경세의 묘명을 청탁하다.

나성두(羅星斗)와 이관징(李觀徵)을 방문하다.

홍여하가 내방하다.

9월, 송준길을 찾아뵙다. 권시(權諰)를 방문하다.

10월, 낙성군(洛城君)의 묘소를 배알하다.

1655년(효종 6), 38세 4월, 제우사회(諸友社會)에
참석하다.

5월, 이신규(李身圭)를 찾아뵙다. 천연두를 피해
두곡(杜谷)에 우거하다.

7월, 석천의 옛터를 방문해 여러 유생과 만나다.

9월, 이원규(李元圭)를 찾아뵙다.

11월, 이원규가 내방하다.

1656년(효종 7), 39세 여러 유생을 모아 정경세의 문집을 교정하다.

9월, 예제(禰祭)를 행하다.

12월, 황산찰방(黃山察訪)에 제수되다. 홍여하를 방문했다가 삼강 서원(三江書院)을 찾아 정몽주·이황·유성룡 세 선생의 사당을 배알하다.

1657년(효종 8), 40세 1월, 한양으로 출발해 용인에 이르러 돌아오다.

4월, 세자익위사부솔(世子翊衛司副率)에 제수되다.

8월, 다시 시강원자의에 제수되어 소명을 받들어 이르다.

9월, 소를 지어 친병(親病)을 아뢰고 체직되기를 요청했으나 윤허받지 못하다. 재차 소를 지어 체직되기를 요청했으나 윤허받지 못하다.

12월, 도성 밖에 이르러 체직되기를 요청했으나 윤허받지 못하다.

1658년(효종 9), 41세 1월, 다시 소를 지어 간절히 사양하자 비로소 윤허하고 인해서 말[馬]을 주라는 명을

내리다. 소를 올려 말을 주라는 명을 거둬 달라고
청하다. 짐을 꾸려 고향으로 돌아가다.

3월, 정경세의 문집을 간행하다. 정경세의
시장(諡狀)을 송시열(宋時烈)에게서 받다.

10월, 청산재사(靑山齋舍)에서 홍언필(洪彦弼)의
묘소에 전(奠)을 올리다.

11월, 다시 시강원자의에 제수되어 소명을 받들어
이르다.

12월, 소를 올려 사직을 청하다.

단성현감(丹城縣監)에 제수되다.

1659년(효종 10), 42세 2월, 사은숙배하고 사직하다. 11일,
집으로 돌아오다. 순영(巡營)에 병장(病狀)을
보내다.

3월, 부임하다. 윤월, 사장(辭狀)을 보내다.

4월, 지리산 천왕봉에 올라 산해의 승경을
감상하다.

5월, 효종이 승하하다. 숙모 강씨가 졸해 돌아오다.

9월, 사장(辭狀)을 보내다.

10월, 양영(兩營)에 사장을 보내다. 29일, 효종을
하관할 때 망곡례(望哭禮)를 행하다.

11월, 벼슬을 버리고 돌아오다.

12월, 서실을 수리하다.

1660년(현종 1), 43세 1월, 우산정대(愚山亭臺)를 수리해 전극염(全克恬)이 쓴 십이경(十二景) 편액을 걸려고 했지만 이루지 못하다. 도잠(陶潛)의 귀전운(歸田韻)에 차운하다.

《소대명신행적(昭代名臣行蹟)》을 완성하다.

《소대췌언(昭代稡語)》을 완성하다.

〈서남추강사적후(書南秋江事蹟後)〉를 짓다.

선세(先世)의 여러 묘지를 찬하다.

1661년(현종 2), 44세 9월, 이원규를 곡하다. 동경에 가서 이언적 선생의 묘소를 배알하다. 지평(持平)에 부망(副望)되다.

1662년(현종 3), 45세 9월, 선유동을 찾다.

12월, 공조좌랑(工曹佐郎)에 제수되다.

1663년(현종 4), 46세 공조좌랑에 제수되다.

6월, 창녕현감에 제수되다.

7월, 부임하다.

1664년(현종 5), 47세 1월, 사장(辭狀)을 보내다.

6월, 또 사장을 보내다. 반곡대(盤谷臺)를 찾다. 아들 석교(錫僑)가 장가들다.

1665년(현종 6), 48세 1월, 이은대(吏隱臺)를 찾다.

9월, 고향으로 돌아오다.

10월, 도남 서원을 찾았다가 낙동강에 배를 띄워 천인대(千仞臺)를 찾다. 다시 임소(任所)에 도착하다.

1666년(현종 7), 49세 2월, 관묘헌(觀妙軒)을 짓고 척금대(滌襟臺)를 쌓다.

1667년(현종 8), 50세 1월, 벼슬을 버리고 고향으로 돌아오다. 4월 22일에 율리의 바깥사랑채에서 졸하다.

8월, 현의 북쪽인 가도(佳道)의 동향에 장사 지내다.

1680년(숙종 6) 11월, 산장 서쪽 기슭의 동향으로 이장하다.

옮긴이에 대해

최금자는 동국대에서 한문학과를 졸업하고 같은 대학원에서 석사 학위를 받았으며 부산대학교 한문학과 박사 과정을 수료했다. 17세기 영남 지역의 인물들을 중심으로 공부하고 있으며 1차적으로 지역 고전 가운데 상주, 문경 지역 한문학의 전개 양상과 의미에 대해 주목하고 있다. 지금은 경북 포항에서 시우고전연구회를 운영하고 있다.

역서로 《목재 시선(木齋詩選)》, 《가암 시집(可庵詩集)》(공) 등이 있고, 논문으로는 〈목재 홍여하의 한시 연구〉, 〈목재 홍여하의 〈술회(述懷)〉 시에 반영된 사회 현실〉, 〈조선 시대 시화집 소재 퇴계 시 비평 연구〉, 〈목재 홍여하의 교유 양상 연구〉, 〈상주 경천대와 시적 공간으로서의 의미〉, 〈가암 전익구의 삶과 시 세계〉 등이 있다.

지역 고전학 총서

무첨재 시선

지은이 정도응
옮긴이 최금자
펴낸이 박영률

초판 1쇄 펴낸날 2024년 2월 20일

지만지한국문학
출판등록 제313-2007-000166호(2007년 8월 17일)
02880 서울시 성북구 성북로 5-11
전화 (02) 7474 001, 팩스 (02) 736 5047
commbooks@commbooks.com
www.commbooks.com

ⓒ 최금자, 2024

지만지한국문학은
커뮤니케이션북스(주)의 한국 문학 출판 브랜드입니다.
이 책은 저작권자와 계약하여 발행했으므로, 본사의 서면 허락 없이는
어떠한 형태나 수단으로도 이 책의 내용을 이용할 수 없습니다.

ISBN 979-11-288-2621-4 94810
979-11-288-6597-8 94810(세트)

책값은 뒤표지에 있습니다.